La Cu

11

Mariarosa Bricchi

La lingua è un'orchestra

Piccola grammatica italiana per traduttori (e scriventi)

ilSaggiatore

Sommario

La lingua è un'orchestra

Introduzione

Questo libro parla di grammatica italiana, e anche di scrittori, e dei loro traduttori. Invita a un'attenzione nel leggere e nello scrivere che la grammatica aiuta ad appuntire, rendendo la lettura più intensa e la scrittura più efficace.

Il primo capitolo tratta di varietà, registri, codici; il secondo di architettura delle frasi e del testo; il terzo di come ordinare (e disordinare) le parole; il quarto di vocabolari, e di come interrogarli. Fino a questo punto, il tema è quello delle risorse dell'italiano. Possediamo oggi una lingua plastica e adulta, che è bene e bello maneggiare con consapevolezza. La grammatica (regole), le grammatiche (libri che le formalizzano) e i vocabolari sono un pronto soccorso per scriventi perplessi; sono un ricettario, che rende chiara la chimica delle combinazioni; sono anche repertori di possibilità, depositi di forme e di parole pronte al balzo, che aspettano di realizzarsi nelle pagine scritte. Da grammatiche e vocabolari, come dai libri in generale, si può prendere di tutto:

> V'è chi da essi non cava altro che solo la vista nel diletto di leggerli; altri qualche spirito di buon odore per isvegliare il cervello e confortarsi l'ingegno. Vi sono di quegli che vi fanno erba a

fasci, cogliendo alla rimpazzata ciò che prima lor viene alle mani; di quegli che con più scelta raccolgono solamente fiori per tesserne corone e ghirlande. Alcuni spremono sughi, altri cavano acque. Pochi da una gran moltitudine di suggetti fra loro diversi sanno raccorre mele d'uno stesso sapore, applicando le cose in maniera che tutte dican l'istesso, sì che vi sia il diletto della varietà e non vi manchi l'unione del senso.

Daniello Bartoli – il «Dante della prosa italiana», secondo Leopardi – sa che dai libri arriva semplice diletto, oppure erba a fasci, fiori, sughi, mele. Ingredienti per nuovi libri. Ecco, mi piacerebbe che questo manualetto suggerisse un'immagine di vastità ordinata e colorata: la ricchezza di quello che, dai molti strumenti che descrivono la nostra lingua, si può ricavare per produrre altra scrittura.

Gli ultimi due capitoli, invece, parlano di malanni dell'italiano contemporaneo: non gli unici; quelli, piuttosto, che a me paiono notevoli perché ne registro la diffusione intermittente, e lievemente subdola, anche tra scriventi la cui padronanza della lingua non è pericolante, ma avanzata. I problemi sono l'eccesso di congiuntivo nelle completive, un fenomeno di inquinamento che ho battezzato congiuntivite; e l'insinuarsi, in contesti che non le autorizzano, di due varietà di lingua artificiale: quella pomposa e quella burocratizzante. Analizzo alcune manifestazioni tipiche, provo a cercare le cause dei problemi, e a proporre qualche antidoto.

Quindi, raccolte sotto il titolo *A margine*, ci sono una manciata di brevi finestre, che si aprono ciascuna su un tema circoscritto: un dubbio, un inciampo ricorrente, un aspetto marginale o curioso dello scrivere, del tradurre, del rivedere testi scritti o tradotti da altri.

Per illustrare i temi grammaticali uso degli esempi. Non frasi costruite ad hoc, ma passi di scrittori italiani dall'Ottocento a oggi: grammatica in pratica, cioè un continuo confronto con chi, l'italiano, lo ha scritto bene. I *case studies* sulla traduzione (di nuovo, gli esempi sono letterari) riguardano soprattutto l'inglese, qualche volta il francese o il tedesco. L'enfasi, però, è sempre sulle soluzioni che l'italiano propone: questo libro misura la grammatica italiana sulla specifica sfida del tradurre, e vorrebbe essere utile a chi di traduzione verso l'italiano si occupa, quale che sia la lingua di partenza. Certo, il confronto con la lingua d'arrivo è solo l'ultima in ordine di tempo tra le molte sfide che un traduttore affronta. Ma è di quel faccia a faccia con un codice radicalmente altro dall'originale, con la sua disciplina e le sue libertà, che queste analisi si occupano: del momento in cui la questione diventa restituire la personalità individuale del testo di partenza in un nuovo universo linguistico, nelle cui regole, varietà e usi è essenziale muoversi con agio.

L'appendice porta invece in scena uno specifico micro-genere con il quale chi lavora nell'editoria o per l'editoria ha spesso a che fare: la scheda di lettura. Le schede, o pareri, sono un esercizio di scrittura che traduttori, redattori, editor affrontano quasi quotidianamente; un genere che ha esigenze precise e detta le sue regole. E questa specifica grammatica delle schede di lettura, spigolando tra esempi più o meno illustri, prese in giro, tentativi di razionalizzazione, ho provato a ricostruirla.

Alla fine di ogni capitolo, dell'appendice e in coda a ogni divagazione a margine, ci sono le indicazioni bibliografiche utili per ricostruire o approfondire il percorso che si è appena chiuso. I rimandi sono sempre dati per esteso, e se un libro o un saggio sono stati utilizzati in capitoli diversi la citazione, per comodità del lettore, si ripete.

Tutto insieme, capitoli, margini, appendice, mi piacerebbe che funzionassero come quello che Manganelli ha chiamato
«adescamento verbale»: tante allerte, grandi e piccole, a considerare la lingua con attenzione e con curiosità, con rispetto ma
senza imbarazzo.

La grammatica che usava mia mamma alle medie (un libro
di cui, ancora adesso, lei parla con affetto) paragonava le regole dell'italiano al galateo:

> Il parlare e lo scrivere rassomigliano alla buona creanza. [...]
> Quanti bambini non sanno che non sta bene parlare con la boc-
> ca piena, o starnutire in faccia alla gente, o bere prima d'essersi
> asciugati la bocca col tovagliuolo! [...] Il complesso delle nor-
> me della buona creanza si chiama, come sapete, il Galateo. Or-
> bene, anche per le lingue c'è un Galateo, un po' più difficile e
> complesso, chiamato Grammatica.

Pensare alla grammatica come buona creanza suona *démodé*,
ma ricorda anche che la lingua e le sue regole sono, un po' come i codici di comportamento, un patrimonio che muta sì nel
tempo però è, di epoca in epoca, condiviso dai membri di una
comunità; è un bene comune. Tutti i parlanti acquisiscono la
lingua materna per diritto di nascita. Ma, accanto all'aspetto
del diritto, c'è quello, anche più interessante, del dovere. Le risorse comuni – culturali, naturali, ambientali – vanno rispettate e tutelate. Così anche la lingua: parlare e scrivere bene, cioè
comunicare in modo chiaro ed efficace; e capire correttamente i discorsi degli altri, anche quelli complessi, sono competenze che si sviluppano e si affinano. Anche con grammatiche e
vocabolari.

Tutti sappiamo che molti dei testi che leggiamo sono traduzioni. La nostra lingua è anche quella filtrata attraverso le parole dei traduttori. Che sono – devono essere – scriventi esigenti, iperspecializzati, consapevoli. Partendo da lingue straniere, i traduttori all'italiano arrivano per costruire il loro lavoro, e all'italiano chiedono cose non diverse da quelle che, oltre tre decenni fa, elencava Italo Calvino:

> Credo che la prosa richieda un investimento di tutte le proprie risorse verbali [...]: scatto e precisione nella scelta dei vocaboli, economia e pregnanza e inventiva nella loro distribuzione e strategia, slancio e mobilità e tensione nella frase, agilità e duttilità nello spostarsi da un registro all'altro, da un ritmo all'altro.

Grammatica per traduttori, dunque. Cioè: quello che grammatica, linguistica del testo, lessicografia, letteratura italiana possono fare per chi scrive, in particolare per i traduttori, e per i loro editor. O, forse, la formula andrebbe rovesciata. In fondo qui si parla di quello che i traduttori possono fare per la grammatica italiana: conoscerla, rispettarla, trasgredirla, forzarne, se opportuno, i limiti (è un diritto sacrosanto degli utenti). Soprattutto, passeggiarci dentro con consapevolezza, farne un uso non solo corretto o volutamente eslege, ma responsabile.

All'origine di questo libro stanno i miei due lavori, di storica della lingua italiana e di editor. Nel secondo, occupandomi del buon funzionamento di testi degli altri – e spesso quei testi erano traduzioni –, ho sperimentato in presa diretta quello che, in parallelo, studiavo: i passaggi, le correzioni, le stratificazioni di senso, la dialettica interna di una pagina scritta, le sue esigenze imperative e le molte opportunità che spalanca, le domande che chi scrive e chi rilegge non smette di porsi.

Ma niente sarebbe successo senza un'altra verifica. Da qualche anno tengo corsi di grammatica e linguistica italiana indirizzati a traduttori e editor. I temi che tratto qui sono stati dunque messi a fuoco, misurati, e sviscerati nelle mie lezioni al Master di editoria dell'Università di Milano presso la Fondazione Arnoldo e Alberto Mondadori; al Master di traduzione dell'Università di Pisa; alla Scuola europea di specializzazione in traduzione editoriale di Torino; alla Scuola Superiore per Mediatori Linguistici di Vicenza, a quella di Misano Adriatico e alla Summer School *Mediterraneo in traduzione* a Messina; alle Giornate della traduzione letteraria dell'Università di Urbino; nei corsi per traduttori di STL Formazione; durante gli incontri sull'italiano al Laboratorio Formentini per l'editoria a Milano e alla Casa delle Traduzioni di Roma. Tutti i partecipanti, studenti e professionisti già affermati, mi hanno via via guidata a orientare, o riorientare, temi e problemi sulle esigenze concrete di chi traduce.

Un grande grazie, subito prima che il libro cominci, a Yasmina Melaouah, perché l'idea che dalle mie lezioni nascesse un libro è stata sua.

*

La definizione «italiano adulto» viene dal titolo di Vittorio Coletti, *Grammatica dell'italiano adulto*, il Mulino, Bologna 2015. Il passo di Daniello Bartoli è nel suo trattato *L'uomo di lettere difeso ed emendato* (1645). La grammatica di mia mamma è *La parola e le sue leggi. Novissima grammatica italiana per la scuola media,* di F. Palazzi e A.R. Ferrarin, terza edizione riveduta e ampliata, Principato, Milano-Messina 1941 (la mancata dittongazione del *Novissima* sbandiera un'attardata ma solida osservanza manzoniana). La citazione di Italo Calvino è tratta dalla sua ultima intervista, a cura di Maria Corti, *Autografo*, ii, 6, ottobre 1985. Giorgio Manganelli usa l'espressione «adescamento verbale» per definire il Tommaseo-Bellini (un dizionario di cui qui si parlerà) in un articolo pubblicato nel 1977 e poi raccolto nel volume *Laboriose inezie*, Garzanti, Milano 1986.

1. Italiano plurale: le lingue che scriviamo

L'italiano non è uno, ma tanti. È una lingua in movimento che, oggi come in passato, galoppa, si arricchisce, si sporca, si rigenera. È una lingua plurale: dialetti, e italiani locali, stili e registri, lingue speciali e lingue settoriali, standard vecchi e nuovi. Riconoscere e governare le varietà, ma anche saperle mescolare e contaminare, è uno dei modi di maneggiare la lingua con precisione e fantasia.

1.1 Tre frasi

Le ho sentite tutte e tre. La prima e la seconda alla televisione; la terza in metropolitana, a Milano:

Lo sapete tu e quelli della palazzina tua.

Festeggiamo questo change.

Io sono una famiglia povera.

Italiano? Italiani, piuttosto. La prima frase è un tipico esempio di italiano locale: non dialetto, ma una lingua che incorpora, in questo caso, un aspetto sintattico della parlata romanesca, cioè la posposizione del possessivo rispetto al nome (*palazzina tua*). La seconda frase mostra un esempio consueto di iperdiffusione dell'inglese: particolarmente vistoso perché l'inglese non è prelevato da ambiti di particolare prestigio (l'informatica, la moda, lo spettacolo…), ma è parola comunissima, provvista di un altrettanto comune equivalente italiano. La terza frase è forse la più interessante: apertura consueta dei brevi discorsi di chi chiede aiuto, l'affermazione mostra tutti i segni di una competenza solo approssimativa dell'italiano (le parole appartengono al lessico di base; il verbo alla prima persona singolare si lega a un nome collettivo, che richiederebbe il plurale). Ma proprio l'esibita disfunzionalità moltiplica l'efficacia comunicativa del messaggio: la povertà linguistica si associa alla dichiarata povertà materiale, aggiungendo al disagio pratico la marginalità che il mancato dominio della lingua porta con sé. Un italiano, comunque, scorretto e approssimativo. Ma italiano. L'italiano di chi non lo sa: oggi sono gli immigrati, ieri erano quelli che parlavano solo dialetto. Eccolo, dunque, l'italiano plurale, in tre dei suoi mille colori: un repertorio mobile e affollato.

Rispetto ad altri lettori specializzati, il traduttore è un collezionista di varietà linguistiche: le belle frasi di uno scrittore che maneggia la sintassi con perizia sono modelli utili come il tessuto sgangherato di una pagina scritta male; le forme colloquiali, marginali o addirittura agrammaticali alimentano un serbatoio non meno interessante degli specialismi e dei sottocodici. E così via.

L'importante è, semplicemente, riconoscere e distinguere. Anche là dove le differenze si fanno sottili. Lo ha scritto con efficacia Pietro Trifone:

> Le forme colloquiali, familiari e persino volgari, che vengono adoperate talvolta in modo consapevole al fine di rendere più spigliato e vivace il discorso, hanno un valore molto diverso dalle stesse forme adoperate senza discriminazione nell'italiano scadente, per la mancanza di alternative superiori nella dotazione espressiva di chi parla o scrive.

Uno scrivente consapevole è chi domina la lingua, non chi ne è dominato.

1.2   *Diverso, plurale*

«17 milioni di analfabeti e 5 milioni di arcadi»: questa era l'Italia appena unificata in una celebre definizione dello storico Pasquale Villari. La prima differenza all'interno della nostra lingua è stata, per secoli, quella tra un gruppo ristretto di persone colte, che si servivano dell'italiano della tradizione letteraria, e la massa di incolti, che parlavano solo dialetto, e non sapevano scrivere. In realtà, le lingue sono sempre state almeno tre: l'italiano (letterario); i dialetti; e alcuni stadi intermedi tra dialetto e lingua: forme diverse di italiano incerto che i non-letterati dovevano comunque adottare per la comunicazione extrafamiliare. Anche la lingua letteraria, duttile per sua natura alla volontà degli scrittori, non è una, ma tante quanti sono gli stili possibili. In una nota dello *Zibaldone* datata 3 novembre 1820, Leopardi ha scritto:

> La lingua italiana è piuttosto un complesso di lingue che una lingua sola, potendo tanto variare secondo i vari soggetti, e stili, e caratteri degli scrittori ecc, che quei diversi stili paiono quasi diverse lingue.

La molteplicità, la stratificazione, le differenze coincidono con la storia stessa dell'italiano, sono parte della sua identità. Non solo in passato. Oggi, l'italiano lo abbiamo imparato più o meno tutti, e i dialetti li abbiamo, in parte, dimenticati (solo in parte, però, perché circa metà degli italiani continuano, in ambiti ristretti, a praticarli). Restano però gli italiani regionali o locali: parlate che assorbono colori e vitalità dai dialetti che premono dal basso. Esiste un italiano standard, o medio, parlato e scritto, diverso dall'italiano letterario che ha dominato per secoli, più agile e adatto alle esigenze della vita associata. Esistono, e sono molto sviluppati, i linguaggi settoriali, che coprono ambiti specializzati del sapere, ma si estendono anche nel parlato e nello scritto comuni. E si consolida, accanto a quella minoritaria di altre lingue straniere, la presenza dell'inglese, tanto fitta in certi ambiti comunicativi da realizzare un italiano maculato di parole ed espressioni inglesi.

Le varietà dell'italiano hanno dunque a che fare con la storia (la lingua cambia nel tempo) ma anche, al presente, con la geografia (variazioni diatopiche); con lo strato, o gruppo sociale e culturale di chi usa la lingua (variazioni diastratiche); con la situazione comunicativa nella quale la lingua viene usata (variazioni diafasiche). E con il canale (variazioni diamesiche): allo scritto e al parlato si affiancano oggi quelle che sono state definite le varietà trasmesse, cioè il parlato a distanza (radio, televisione, telefono, skype) e lo scritto dei social media.

Ma cominciamo dalle lingue degli scrittori. Dunque, dallo stile.

1.3   Scrivere chiaro e scrivere oscuro

Leopardi aveva ragione: le differenze stilistiche tra scrittori diversi possono essere tanto accentuate da rendere pericolante il concetto stesso di lingua comune. Lo verifichiamo con un esempio estremo, ricorrendo a due importanti, e diversissimi, autori del Novecento, Giorgio Manganelli e Primo Levi. Ecco, scelti quasi a caso, frammenti dell'uno e dell'altro:

Altrimenti: costui è idraulico, orologiaio, fabbro ferrante, meccanico della macchina rugginosa e ingranante, scabra e dentata ab aeterno; e dove altri, inorridito, fuggirebbe la stridula ira delle pulegge anfanose, e quel tanfare dei notturni, solitari cilindri, e il grassame metallico, da infima gastronomia, che ne lustra e liscia la rozza ma atroce geometria; egli vi affonda le mani impaurose, con callidità di antica frequentazione manipola e diteggia il cieco ordegno, e in qualche modo vezzeggia e blandisce quello scombinato organamento di fittizi muscoli e nervi goffi e tristi, nemmeno effimeri, come è il nostro corpo.

Giunsi a Torino il 19 di ottobre, dopo trentacinque giorni di viaggio: la casa era in piedi, tutti i familiari vivi, nessuno mi aspettava. Ero gonfio, barbuto e lacero, e stentai a farmi riconoscere. Ritrovai gli amici pieni di vita, il calore della mensa sicura, la concretezza del lavoro quotidiano, la gioia liberatrice del raccontare. Ritrovai un letto largo e pulito, che a sera (attimo di terrore) cedette morbido sotto il mio peso.

Hilarotragoedia, il primo libro di Manganelli, è uscito nel 1964; *La tregua*, il secondo libro di Primo Levi, nel 1963. In stretta contiguità cronologica, i due scrittori hanno usato le parole per ottenere esiti che più lontani non si potrebbe: quasi due lingue diverse, avrebbe detto Leopardi. Lingue nate da intenzioni diverse, che entrambi gli autori hanno, a più riprese, esplicitato e discusso. La forbice di fondo è quella tra chiarezza e oscurità. Primo Levi perseguiva la prima, e temeva la seconda:

> a mio parere non si dovrebbe scrivere in modo oscuro, perché uno scrittore ha tanto più valore, e tanta più speranza di diffusione e di perennità, quanto meglio viene compreso [...].

La limpidezza della scrittura è precetto prima ancora morale che stilistico. La parola buia somiglia alla morte, come Levi ribadisce a proposito di un grandissimo poeta dell'oscurità, Paul Celan:

> Se il suo è un messaggio, esso va perduto nel rumore di fondo: non è una comunicazione, non è un linguaggio, o al più è un linguaggio buio e monco, qual è appunto quello di colui che

sta per morire, ed è solo, come tutti lo saremo in punto di morte. Ma poiché noi vivi non siamo soli, non dobbiamo scrivere
come se fossimo soli. Abbiamo una responsabilità, finché viviamo: dobbiamo rispondere di quanto scriviamo, parola per
parola, e far sì che ogni parola vada a segno.

Queste righe provengono da un intervento intitolato «Dello
scrivere oscuro», apparso sulla *Stampa* nel dicembre 1976. Poco più di un mese dopo, nel febbraio 1977, esce sul *Corriere della Sera* la replica di Manganelli. Titolo: «Elogio dello scrivere
oscuro». Ma la spiegazione forse più esplicita della passione di
Manganelli per una scrittura liberata dalla costrizione del senso non è in quell'articolo, e si trova invece nelle riflessioni che
l'autore affidò a una intervista radiofonica del 1980:

> Lo scrittore ha il problema di scrivere adoperando qualche co-
> sa che si può presentare e descrivere come un significato e deve
> contemporaneamente liberarsi del significato. E questa mac-
> chinazione che porta all'abolizione del significato conservan-
> done la struttura in qualche modo […] questo è il tema più
> angoscioso diciamo del letterato. […] Lo scrittore sa benissi-
> mo che la letteratura non vuole dire niente: ha ben altro da di-
> re che non dire …

Levi: «far sì che ogni parola vada a segno»; Manganelli: «liberarsi del significato». Due scrittori che usano la pagina per
comunicare l'uno, per azzerare la comunicazione l'altro. Due
esempi, antitetici, di come la lingua si faccia stile: cioè di quanto la lingua sia duttile alla volontà, e alla capacità degli scrittori. E, come sempre, due possibili magazzini dove trovare parole,
forme, soluzioni adatte alle diverse esigenze della scrittura.

1.4 La lingua è un'orchestra

Non solo scrittori diversi hanno firme stilistiche anche molto lontane, ma nemmeno lo stile di un singolo scrittore è compatto e uniforme. Anzi, una voce letteraria può essere molto marcata anche perché fatta, a sua volta, di sovrapposizioni e contaminazioni. Sappiamo che nei romanzi si intrecciano molte voci e molti linguaggi. Ci sono le parole dei personaggi riportate nella forma del discorso diretto, ma la stessa voce del narratore incorpora materiali della più varia provenienza: echi letterari, parole e espressioni tipiche di un determinato gruppo sociale, parole specialistiche o settoriali, parole che rimandano a posizioni ideologiche diverse, che il narratore assume in forme linguistiche assimilabili a quella del discorso indiretto libero. Di fatto, la voce narrante è un'orchestra, che accorda, o talvolta fa stridere, strumenti disparati. Il grande filone della letteratura espressionistica, che inizia in Italia con la canzone di Auliver, un testo duecentesco di ardimentosi sbalzi linguistici, e culmina nel Novecento con Carlo Emilio Gadda, è la messa in opera emblematica di un'attitudine vorace e inclusiva, dove la voce narrante (o argomentante, o poetante: il tema non si limita al romanzo) assimila registri e linguaggi da una miriade di fonti disparate. Questa situazione, che lo studioso russo Michail Bachtin ha definito pluridiscorsività, mette a frutto, sul piano letterario, la molteplicità che è propria di ogni lingua. Italiano incluso: l'italiano plurale di cui stiamo parlando si insinua dunque nel corpo stesso delle scritture che sono, per loro natura, tramate di tanti, variegati sottofondi.

Un altro campione dell'espressionismo europeo è, naturalmente, James Joyce. Enrico Terrinoni ha parlato, a proposito dell'*Ulisse*, di cui ha fatto una nuova traduzione, di «senso plurale di ambiguità multivocale». Appunto. Vediamo un esempio. Leopold Bloom guarda una vetrina piena di cibi. Osserva e rimugina:

> Sardines on the shelves. Almost taste them by looking. Sandwich?
> Ham and his descendants mustered and bred there.

Niente virgolette, niente discorsi diretti, nessun segno esteriore di citazione. Ma una stratificazione di voci che si deve cogliere, pena la perdita di parte del senso. Una corretta traduzione di questa manciata di (difficilissime) parole si avvantaggerà del riconoscimento non solo del doppio valore dell'inglese *ham*, che significa prosciutto, ma è anche il nome del figlio di Noè che, in italiano, si chiama Cam; ma anche di una filastrocca americana che recita:

> Why should no man starve in the desert of Arabia? Because of
> the sand which is there. How came the sandwiches there? The
> tribe of Ham was bred there and mustered.

La frase dell'*Ulisse* è dunque un tipico esempio di costruzione ibrida, dove il discorso altrui (in questo caso la filastrocca) irrompe nel discorso d'autore senza che la sua presenza sia esplicitamente segnalata. E un'altra prova che dietro la quiete apparente della scrittura (di qualunque scrittura, anche se in quella di Joyce il fenomeno ha densità moltiplicata) ribolle, in tridimensione, un calderone di altre voci, una pluridiscorsività profonda.

Per chiudere, due traduzioni. Questa è di Giulio De Angelis (pubblicata nel 1960, prima che la critica segnalasse la presenza in filigrana della filastrocca):

Sardine sugli scaffali. Sembra di sentire il sapore a guardarle. Un tramezzino? Prosciutto e sua progenie panati e senapati qui.

E questa di Enrico Terrinoni (2012):

Sardine in mostra. A guardarle si sente quasi il sapore. Sandwich? Insacco e i suoi discendenti ammastardati e allievitati lì.

1.5   Comune-medio-neo-standard

L'italiano «comune» rimanda, etimologicamente, a due concetti: quello di lingua condivisa; e quello, vicino, di lingua capace di comunicare. Una lingua con queste caratteristiche è stata, per secoli, assente in Italia, mentre si riconosce oggi l'esistenza di quello che è definito italiano dell'uso medio, o italiano neo-standard: una lingua diffusa e condivisa, di registro intermedio, che accoglie anche tratti prelevati dalle varianti locali, e dove affiorano fenomeni già testimoniati nella lingua antica, ma a lungo avversati dai grammatici. Italiano senza aggettivi, come qualcuno ha precisato, o italiano normale.

Questa varietà linguistica, che corrisponde di fatto all'italiano che, ogni giorno, pratichiamo, è il risultato di evoluzioni continue, che sono state particolarmente significative dopo lo spartiacque degli anni sessanta. Ecco, in rapido elenco, alcuni fenomeni ormai acclimatati non solo nel parlato ma anche negli scritti informali: *gli* per *loro*; *lui* e *lei* in funzione di soggetto (→ 5.3); *che* in funzione di subordinante generico (*vieni che ti pettino*); frasi segmentate, frasi scisse e, in situazioni meno controllate, il tema sospeso (→ capitolo 3); la forma interrogativa *come mai?* in alternativa a *perché?*; *che* in espressioni esclamative del tipo *che bello!*; il costrutto che + verbo + *a fare* nel senso di *perché?* (*che ci sto a fare qui?*); la forma per + infinito per indicare un rapporto di successione temporale (*vengo a Milano per poi incontrare Carlo a Lodi*); l'imperfetto di cortesia (*volevo un caffè*); il futuro con valore di passato (*Napoleone sarà quindi costretto all'esilio a Sant'Elena*); la diffusione dell'indicativo al posto del congiuntivo nelle completive rette da verbi di opinione (*credo che è tardi*; ma qui → 6.2); la diffusione dell'indicativo al posto del congiuntivo nelle ipotetiche dell'irrealtà (*se mi telefonavi, ci vedevamo*); le forme riflessive apparenti (*mi mangio un gelato*). Cresce poi la presenza delle subordinate relative, che sono espansioni di nomi, e quindi creano volume, ma non profondità sintattica; e sono in espansione le forme incidentali, fra virgole, parentesi o trattini.

A tempi più recenti appartengono l'uso dei cognomi femminili non preceduti da articolo (*Boldrini*, non *la Boldrini*); la diffusione dei nomi femminili come *la sindaca, la ministra*; la fortuna del prefisso *super-*, anche in forma assoluta (*superinteressante*); il proliferare di parole composte che fondono due nomi senza uso del trattino (tra le cosiddette parole macedonia, il recente – ma forse già moribondo – *apericena*).

Sul piano del lessico, una novità significativa è l'ingresso, nel vocabolario fondamentale (→ 4.4), di molte parolacce che, dagli anni novanta, compaiono con una certa frequenza anche nei discorsi dei leader politici, e nello scritto. Su questo, un ricordo personale. Ho incontrato la prima parolaccia in un testo di critica letteraria nel 2001: l'aggettivo *sputtanato* si annidava allegramente nel saggio di Walter Siti «Il romanzo sotto accusa», in uno dei volumoni einaudiani *Il romanzo*, curati da Franco Moretti. Sulla correttezza del primato non posso giurare (gli esempi letterari del Battaglia includono casi decisamente precedenti, da Gadda ad Arbasino, a Tondelli, ma nessun esempio saggistico). Ricordo però molto bene la sorpresa, e la sensazione che qualcosa stava cambiando.

L'elenco dei fenomeni dell'italiano comune è potenzialmente più lungo, e si incrementa con una certa lena. Quello che importa è l'esercizio di un orecchio allenato a cogliere le novità. Che andrebbero idealmente registrate senza pregiudizi o eccessivi purismi, ma anche utilizzate con discernimento, tenendo conto del canale e del registro.

1.6   Gradazioni di dialetto

Anguria, melone (mellone), popone, cocomero. Oppure: *panettiere, prestinaio, fornaio, fornaro.* Ancora: *idraulico, lattoniere, trombaio, stagnino, stagnaro.* Sinonimi? No: geosinonimi, cioè varianti locali dello stesso termine. Non parole dialettali, perché la fonetica dialettale sarebbe, in alcuni casi, diversa (per esempio, l'anguria in dialetto milanese è *ingúria*); ma parole italiane che conservano, in filigrana, l'impronta dei dialetti. Quello che i linguisti definiscono italiano locale, Carlo Emilio Gadda lo chiamava «un italiano raggiunto partendo dal dialetto». E ne ha dato esempi non solo efficaci, ma divertenti. Prendiamo l'*Adalgisa*: l'eroina eponima, bella popolana, ex stiratrice e cantante lirica di quint'ordine sforna una serie di battute in similitaliano, come «Del resto non bisogna credere che pensasse domà a gòdere». La traduzione (non bisogna credere che pensasse soltanto a godére), e la spiegazione le fornisce Gadda stesso in una delle sue note: il verbo *gòt* del dialetto milanese diventa *gòdere*, con l'accento spostato sulla prima sillaba, in dialetto italianizzato. Con il dialetto che, dall'interno, erode l'italiano hanno giocato non solo gli scrittori (quanto del lessico famigliare di tutti noi vi si è abbeverato!) e, tra gli scrittori, non solo Gadda. Nel romanzo di Nicola Lagioia *Riportando tutto a casa* (2009) c'è un personaggio che viene caratterizzato così:

> Innanzitutto il modo in cui parla. Lo Sghigno si esprime in dialetto. Quando usa l'italiano non fa che aggiungere una vocale a poche parole tronche – poi, come per vendicarsi del tradimento, trasforma tutte le *g* in *c* e le *d* in *t*.

Il dialetto italianizzato è un sabotaggio. Oppure una lingua altra, fiabesca e incantatrice. Come quella dei pupari siciliani nel ricordo di Andrea Camilleri: «[...] un siciliano che vuole avvicinarsi alla lingua italiana, ed era il linguaggio dei pupari siciliani che credevano di parlare in italiano e invece parlavano una commistione fantasiosa, per me meravigliosa».

I geosinonimi, incluse le creazioni personali e fantasiose, sono la prova più visibile dello spazio che gli italiani locali occupano entro il corpo della lingua. Ma i segnali non si limitano al lessico: basta pensare all'opposizione tra il passato remoto, ancora vitale al centro-sud, e il passato prossimo, che ne copre gli usi nell'Italia settentrionale; oppure alla diffusione solo toscana della forma impersonale in luogo della prima persona plurale («noi si va»); oppure ancora all'uso transitivo-causativo di verbi intransitivi come *salire*, *scendere*, *uscire* (in espressioni come «scendi il baule»).

Come è nato l'italiano locale? Come sempre, dalla contaminazione. I dialetti sono entrati via via più profondamente in contatto con l'italiano colto, e i dialettofoni si sono sforzati di esprimersi in italiano, col risultato di parlare, almeno all'inizio, qualcosa che non era più dialetto, ma non ancora italiano. Questo fenomeno si verifica, nel corso del Novecento, in tutte le aree del paese, anche se con velocità e profondità variabili (la diffusione della lingua è più rapida nelle grandi città che nei centri sperduti). Il dislivello tra lingua e dialetto si riduce, e nascono parlate di compromesso, caratterizzate da livelli diversi di ibridazione.

Lo screditamento del dialetto è stato un prezzo da pagare per consentire a tutti gli italiani di accedere alla lingua nazionale. Il processo ha però innegabilmente penalizzato i dialetti: la storia linguistica italiana è, in buona parte, storia della diffusione del toscano letterario (indicato da Bembo come modello) e poi del toscano parlato (scelto da Manzoni). Oggi, a processo compiuto, i dialetti vanno invece considerati come un'opportunità, e così le varietà di italiano influenzate dai diversi dialetti locali. E questo fanno gli scrittori più consapevoli.

Nell'italiano di oggi, anche in quello più colto, gli elementi regionali hanno una presenza significativa, perché molti parlanti e scriventi scelgono di inserirli per aggiungere sapore al discorso. Dunque gli slittamenti tra italiano, italiano con venature locali, dialetti sono un fenomeno frequente. Ne dà esempi di grande qualità letteraria uno scrittore attentissimo alle parlate locali, Walter Siti che, d'abitudine, integra elementi linguistici regionalmente marcati in un italiano di base colto e blasé. Una sofisticata gamma di variazioni, che mette in equilibrio ingredienti diversi. Ecco due battute di dialogo, entrambe dal romanzo *Bruciare tutto*, del 2017. La prima:

Stiamo sempre a begare, santa padella... dài, vien qui, abbracciami... baloss d'un omm!

Ingredienti: su una struttura di base di italiano comune (*Stiamo sempre a*; *abbracciami*) si innestano un verbo regionale (*begare*); un'esclamazione molto colloquiale (*santa padella*); un'espressione in dialetto milanese (*baloss d'un omm*). La seconda:

> Tranqui, ghe pensi mí.

Ingredienti: una tessera del parlato giovanile (*tranqui*); dialetto milanese.

Ed ecco, invece uno scambio dialogico dove il primo interlocutore si esprime in una lingua di marcata coloritura romanesca, il secondo in un italiano perfettamente dominato:

> «Me sentivo 'n alieno»
> «Cominciamo dal principio, ti prego... è difficile per me»
> «Fatte conto pe' mme»
> «Ma l'avevi capito che m'ero innamorato?»
> «Ero pischello, mica mongoloide... dentro la testa mia te chiamavo "er frocio", però in modo d'affetto, nun me fraintende...»
> «Non sapevo che nome dare alla cosa».

Esempi, tra i molti possibili, di forme contemporanee di ibridazione. Di come, dunque, le varietà del repertorio siano disponibili per creare effetti sempre nuovi.

1.7   Alto e basso

Immettere il dialetto nelle traduzioni, oggi, non è cosa che si fa. E cautela – una cautela nutrita di consapevolezza – va usata anche con le varianti locali. Invece, una sfida consueta per i traduttori è quella di restituire i registri diversi che si intrecciano e si annodano nelle pagine, nelle frasi, addirittura nei sintagmi di molti scrittori. E saltabeccare tra i registri (oltre che tra le voci) non è prerogativa dei soli autori ad alto tasso espressionistico, da Gadda a Joyce. Entro uno spettro più contenuto, si muovono tra alto e basso anche scrittori dalla lingua apparentemente meno impervia. Italo Calvino per esempio ha detto, a proposito dei suoi racconti degli anni sessanta:

> Mi pare che l'unica sia ricorrere a una formula di questo tipo (che vale – credo – per molti dei miei racconti ma probabilmente anche per tantissimi altri autori che con me non hanno nulla a che fare): uno stile sostenuto, con un'elasticità che gli permette di arrivare a punte di linguaggio più alto [...] e con un frequente uso del pedale della lingua parlata e dell'idiotismo, che ha una funzione (certamente intenzionale, questa) di sprezzatura, di contrasto.

Propongo ora un esperimento non a due, ma a tre voci: un autore (Philip Roth), la sua traduttrice (Stefania Bertola), un lettore attrezzato (il critico letterario James Wood). Questo passo viene dal primo capitolo di *Sabbath's Theater* (*Il teatro di Sabbath*), uno dei grandi romanzi di Roth, pubblicato nel 1995:

> Lately, when Sabbath suckled at Drenka's uberous breasts – uberous, the root word of exuberant, which is itself *ex* plus *uberare*, to be fruitful, to overflow like Juno lying prone in Tintoretto's painting where the Milky Way is coming out of her tit – suckled with an unrelenting frenzy that caused Drenka to roll her head ecstatically back and to groan (as Juno herself may have once groaned), «I feel it deep down in

my cunt», he was pierced by the sharpest of longings for his late little mother.

Come un terreno accidentato, come un ottovolante che si alza e si abbassa a tutta velocità, la pagina di Roth è fatta di salti, di sbalzi, di sterzate e bruschi cambi di rotta: succhiare i seni e fare etimologie latine; Tintoretto e le tette; la figa e la mamma. Anche la struttura della frase è fatta di contrasti: un periodo relativamente complesso, che raggiunge il secondo grado di dipendenza (una principale introdotta da una temporale che regge una relativa); e due incisi (il primo racchiuso entro trattini, il secondo in parentesi) che saltano a piè pari le gerarchie sintattiche e balzano in primo piano. Ma concentriamoci sui dislivelli incorporati nelle scelte lessicali. Una volta tanto, il passo è provvisto di istruzioni per l'uso: la guida non semplicemente di un lettore madrelingua, ma di uno studioso dall'orecchio allenato alle varietà. Nel suo libro *How Fiction Works*, James Wood ha catalogato ogni parola ed espressione del passo, in un gioco classificatorio tra alto e basso da cui ricavare, per una volta, informazioni più precise di quelle di un vocabolario:

[...] the style of the sentence mimics this scandalous shift, by engaging in its own stylistic shifts, going up and down like a manic ECG: so we have suckled (high diction), breasts (medium), uberare (high), Tintoretto's painting (high), «where the Milky Way is coming out of her tit» (low), unrelentic frenzy (high, rather formal diction), «as Juno herself may have once groaned» (still quite high), cunt (very low), «pierced by the sharpest of longings» (high, formal diction again).

Seguendo Wood, il compito del traduttore, se non facile, sarà almeno chiaro: scavare nell'italiano alla ricerca di soluzioni che ora sprofondino nella più divertita volgarità; ora svolazzino, non senza ironia, verso un dettato più formale. Con una complicazione ulteriore: il registro più difficile da afferrare non è quello di *tit* o *cunt,* ma l'altro, quello sostenuto: perché il ricorso a termini di etimologia latina, magari abbastanza comuni in italiano, realizza, in inglese, un automatico innalzamento; e perché i riferimenti linguistici e pittorici sono, probabilmente, più familiari a un lettore europeo di media cultura che al suo corrispondente americano. È bene insomma tener presente che, dati gli stessi ingredienti, il contrasto tra impennate e sprofondamenti, nell'originale, è probabilmente più vistoso.

Ecco, per chiudere, la soluzione di Stefania Bertola (1997):

> Più tardi, mentre succhiava i seni ubertosi di Drenka – ubertosi, stessa radice di esuberanti che a sua volta deriva da *ex* più *uberare*, dare frutti, come Giunone stesa in quel quadro di Tintoretto, con la Via Lattea che le sgorga dalle tette – la succhiava con una inesausta frenesia che fece gemere Drenka, con la testa rovesciata all'indietro: «Ah, come me la sento nella figa» (proprio come avrebbe potuto gemere Giunone stessa), Sabbath provò un'acuta fitta di nostalgia per la sua defunta mamma.

1.8   *Gli usi speciali della lingua*

Dunque la lingua – l'italiano, in questo caso – non è un corpo compatto buono per tutti gli usi, ma si modifica: adattandosi alle scelte stilistiche degli scrittori, ma anche in base alle esigenze comunicative dettate dalla situazione. A un diverso tipo di messaggio corrisponde un diverso tipo di lingua. In altre parole: esistono linguaggi che sono impiegati da gruppi di parlanti più ristretti rispetto a chi si serve dell'italiano normale, per parlare di determinati settori della conoscenza o ambiti professionali.

Le varietà linguistiche legate alle particolari situazioni d'uso, dette anche sottocodici, rientrano in due gruppi: i linguaggi speciali, o specialistici, forniti di un lessico particolare, male o per niente comprensibile ai non addetti ai lavori; e i linguaggi settoriali, che non possiedono un lessico specialistico, ma sono impiegati in aree particolari. Al primo gruppo appartengono per esempio i linguaggi delle scienze (la chimica, la fisica, la medicina) e della tecnica, il linguaggio giuridico, i linguaggi dello sport; al secondo gruppo appartengono il linguaggio del giornalismo e degli altri mezzi di comunicazione, e quello della politica.

I linguaggi specialistici sono dunque riconoscibili prima di tutto perché impiegano parole che un parlante, anche colto, può benissimo non conoscere. Talvolta sono vocaboli di uso comune che acquistano, nel contesto settoriale, un significato specifico, che sfugge ai non specialisti (in fisica, termini come *momento*, *forza*, *lavoro*). Oppure sono veri e propri tecnicismi. Chi conosce le parole *anatocismo* e *sinallagma*? Sono tecnicismi utilizzati esclusivamente in ambito giuridico: *anatocismo* è la capitalizzazione degli interessi di una somma dovuta, mediante aggiunta al capitale degli interessi via via maturati; *sinallagma*, l'obbligazione reciproca che in un contratto vincola entrambe le parti a prestazioni corrispettive. Anche i connettivi sono coinvolti: l'Accademia della Crusca si è occupata qualche anno fa della forma *di talché*, utilizzata nei testi giuridici con il significato di «in modo che». Una congiunzione che suona sì antiquata, ma che appartiene in effetti non tanto agli albori della nostra lingua (Dante usa la forma semplice *talché*), bensì a un settore specialistico così poco frequentato da chi giurista non è da suonare addirittura scorretto. Così il termine *crocidismo* (movimento involontario delle mani di malati in delirio o in agonia) è impiegato solo in accezione medica, ed è ben poco accessibile ai non addetti ai lavori. Parole lontane e inutili? No davvero. Le pagine letterarie, in ogni lingua, abbondano di tecnicismi, che derivano talvolta dall'attitudine di autori degustatori e miscelatori di parole; ma sono spesso legati alle necessità espressive di un determinato tema. A questo pensava Gadda riferendosi «alla questione de' materiali, cioè delle figure espressive, che le diverse tecniche apportano spaventosamente al magazzino del povero diavolo: dello scrittore».

Chi non ricorda, nei *Buddenbrook* di Thomas Mann, la pagina della morte di Hanno, dove la cronaca in forma di referto dell'aggravarsi dei sintomi accompagna il lettore in un percorso che, trascurando la partecipazione a vantaggio dell'impersonalità tecnica, diventa di fatto incandescente di dolorose emozioni? O i resoconti, grigi di lingua ora pianamente descrittiva ora tecnicamente attrezzata, della *Peste* di Camus?

Ma leggiamo invece poche righe dal romanzo di Maylis de Kerangal *Réparer les vivants* (2014), e dalla sua traduzione italiana di Maria Baiocchi (*Riparare i viventi*, 2015). Ecco, di nuovo, una scrittura dove si intrecciano due livelli lessicali molto diversi: tecnicismi medici come *explanté, masse, volume*, e una cascata di immagini rese in parole comuni.

Le coeur est explanté du corps de Simon Limbres. On peut le voir à l'air libre, c'est fou, on peut un court instant appréhender sa masse et son volume, tenter de capter sa forme symétrique, son double renflement, sa belle couleur carmin ou vermillon, chercher à y voir le pictogramme universel de l'amour, l'emblème de la carte à jouer, le logo de tee-shirt – I ♥ NY –, le bas-relief sculpté sur les tombeaux et reliquaires royaux, le symbole d'Éros le charlatan, la figuration du coeur sacré de Jésus dans l'imagerie dévote – l'organ exhibé à la main et présenté au monde, ruisselant de larmes de sang mais nimbé d'une lumière radiante – ou toute icône pour texto désignant le feuilletage infini des émotions sentimentales.

Il cuore è espiantato dal corpo di Simon Limbres. Lo si può vedere all'aria aperta, una follia, per un breve istante se ne può considerare la massa e il volume, tentare di captarne la forma simmetrica, il doppio rigonfiamento, il bel colore carminio o vermiglio, cercare di riconoscere in esso il pittogramma universale dell'amore, il logo delle T-shirt – I ♥ NY –, il bassorilievo scolpito sulle tombe e i reliquiari reali, il simbolo di Eros il ciarlatano, la raffigurazione del sacro cuore di Gesù nell'immaginario devoto – l'organo esibito nella mano e presentato a tutti, grondante lacrime di sangue ma avvolto da una luce radiosa – o qualunque emoticon da sms che designi la gamma infinita delle emozioni sentimentali.

In questo caso l'alternanza tra macchie lessicali tecnico-specialistiche e un linguaggio ad alta temperatura emotiva è la cifra stilistica del libro.

Ma riconoscere i vocaboli specialistici e riprodurli è solo una parte della sfida. C'è anche il rischio opposto, di immettere un tecnicismo assente nell'originale. Prelevo un esempio dal romanzo breve di Dominique Fabre *La serveuse était nouvelle* (2005):

[…] j'ai entendu un chien qui aboyait plus fort que sa colère. C'était le chien du 33 ter, il avait bien choisi son heure, ce bouledogue-là. Il était intempestif et il y avait même eu des plaintes, un type du 31 qui était con comme ses pieds et une famille du 27, avec des vraies jumelles et un chat siamois.

Parla Pierre, protagonista e voce narrante, cameriere in un bar della periferia di Parigi. La sua voce è pulita, dignitosa e gentile come lui: Pierre si esprime con semplicità, ma senza errori. Ecco la traduzione, secondo me perfetta, di Yasmina Melaouah (*La cameriera era nuova*, 2015):

> […] ho sentito un cane che abbaiava più forte dell'incazzatura di lui. Era il cane del 33 bis, e aveva scelto proprio il momento giusto, quel bulldog. Era importuno, e c'erano anche state lamentele, un tizio del 31 che più scemo di lui non ce n'è e una famiglia del 27, con delle gemelle identiche e un gatto siamese.

Questo è il risultato finale. In una prima stesura, però, si era insinuato un tecnicismo: al posto di *gemelle identiche* c'era *gemelle monozigote*. Primo inciampo, individuato a suon di dizionari: *monozigote* non è un aggettivo, ma un sostantivo, di cui nessun vocabolario registra il plurale. L'aggettivo è invece *monozigotico*, che al plurale fa *monozigotici/monozigotiche*. Pierre non sa parlare difficile, dunque si potrebbe, forse, attribuirgli un errore comune anche a molti parlanti italiani. D'altra parte, il suo francese non è elegante, ma sempre decoroso. E, soprattutto, il testo francese non usa l'aggettivo medico *monozygote*, che pure esiste, bensì l'espressione comune *vraies jumelles*. Che, nella traduzione inglese di Jordan Stump (*The Waitress Was New*, 2008) è coerentemente resa con *real twins*. Scartare l'alternativa *monozigote* (tecnicismo medico scorretto) o *monozigotiche* (tecnicismo medico corretto) a vantaggio della soluzione *gemelle identiche* ha evitato di immettere un vocabolo specialistico in un contesto che non lo richiedeva. E, soprattutto, ha permesso di preservare una caratteristica della lingua di Pierre, modesta, ma grammaticalmente dignitosa.

Un'altra sollecitazione – per i traduttori, forse ancora più sottile – viene dai cosiddetti tecnicismi collaterali, o usi caratteristici di un certo ambito professionale anche al di fuori di una precisa necessità comunicativa. Riconoscere i tecnicismi collaterali è un esercizio indispensabile per catturare le tonalità stilistiche di una pagina letteraria. *Prendere una medicina* o *assumere una medicina*; *dare una medicina* o *somministrare una medicina*; *sentire un dolore* o *avvertire un dolore*; *disturbi del sistema nervoso* o *disturbi a carico del sistema nervoso*; *la malattia comincia* o *la malattia esordisce*; *mal di testa* o *cefalea/emicrania*; *influenza* o *episodio influenzale*. Queste coppie (l'elenco potrebbe, naturalmente, essere molto più lungo), pur designando la stessa situazione o la stessa azione, rimandano a linguaggi diversi, comune il primo, medico il secondo. Confonderli, in un testo letterario, significherebbe appiattire su un unico livello quello che nelle intenzioni d'autore è l'alternarsi di voci diverse. Dunque perdere un aspetto della plurivocità di un testo.

Fermiamoci proprio su uno dei nostri esempi: *prendere/assumere una medicina*. In uno dei suoi fascinosissimi saggi, *In Bed*, dal volume *The White Album*, Joan Didion parla di emicrania. Ecco due passaggi, dalla stessa pagina. In inglese, e quindi nella traduzione italiana di Delfina Vezzoli:

Methysergide is a derivative of lysergic acid (in fact Sandoz Pharmaceutical first synthesized LSD-25 while looking for a mi-

graine cure), and its use is hemmed about with so many con-
traindications and side effects that most doctors prescribe it
only in the most incapacitating cases. Methysergide, when it is
prescribed, *is taken daily*, as a preventive.

La lingua dei medici, che la voce narrante assorbe nel suo stesso discorso, esonda nei veri e propri tecnicismi (*Methysergide*,
lysergic acid, lo stesso *migraine*), ma anche nella forma impersonale della prescrizione (*is taken*).

My husband also has migraine, which is unfortunate for him
but fortunate for me: perhaps nothing so tends to prolong an at-
tack as the accusing eye of someone who has never had a head-
ache. «*Why not take* a couple of aspirin?» the unafflicted will
say from the doorway.

In questo secondo passo, la voce narrante ha ripreso il controllo
della pagina (al tecnicismo *migraine* si affianca il comune *head-
ache*), ed entra in campo anche il discorso diretto di quelli che
non soffrono di emicrania (*unafflicted*). Un altro esempio di come il discorso altrui possa entrare nella pagina, fondendosi con
la voce narrante ma restando riconoscibile proprio attraverso la
sua specificità linguistica. Che la traduttrice ben coglie, adat-
tandola, anche attraverso una (solo) apparente infedeltà, alla situazione italiana:

Il metisergide è un derivato dell'acido lisergico (anzi, la Sandoz ha sintetizzato per la prima volta l'LSD-25 proprio cer-
cando una cura per l'emicrania), e il suo uso è associato a
una tale quantità di controindicazioni ed effetti collaterali
che i medici tendono a prescriverlo solo nei casi più invali-

danti. Il metisergide, se prescritto, *va assunto* giornalmente, in via preventiva.

Anche mio marito soffre di emicrania, il che è un male per lui ma un bene per me: perché nulla, mi sa, tende a prolungare un attacco più dello sguardo accusatorio di chi non ha mai avuto un mal di testa in vita sua. «*Prenditi* un'aspirina, no?» dicono i sani che si affacciano alla porta.

Mentre in inglese il verbo riferito ai medicinali, *to take*, non cambia, l'italiano dispone di un tecnicismo collaterale (*assumere*), e di un verbo comune (*prendere*): il primo funziona benissimo in un passo dove il linguaggio medico si insinua entro lo spazio della voce narrante, il secondo appartiene ai parlanti. Che non dicono *assumi un'aspirina*, ma *prendi(ti) un'aspirina*.

1.9   *La chimica della scrittura*

Ancora su letteratura e linguaggi speciali. Accade che gli scrittori non solo si servano dei tecnicismi, ma ne traggano ispirazione. Primo Levi ha riconosciuto in più occasioni il suo debito non solo con le parole, ma anche con la forma mentale assimilata dalla chimica. Il suo modo di dirlo è molto bello:

La mia chimica [...] mi ha fornito in primo luogo un vasto assortimento di metafore. Mi ritrovo più ricco di altri colleghi scrittori perché per me termini come «chiaro», «scuro», «pesante», «leggero», «azzurro», hanno una gamma di significati più estesa e più concreta. Per me l'azzurro non è soltanto quello del cielo, ho cinque o sei azzurri a disposizione… Voglio dire che ho avuto per le mani dei materiali di uso non corrente, con proprietà fuori dall'ordinario, che hanno servito ad ampliare proprio in senso tecnico il mio linguaggio. Quindi dispongo di un inventario di materie prime, di «tessere» per scrivere, un po' più vasto di quello che possiede chi non ha una formazione tecnica.

Ho sviluppato l'abitudine a scrivere compatto, a evitare il superfluo. La precisione e la concisione, che a quanto mi si dice sono il mio modo di scrivere, mi sono venute dal mestiere di chimico.

Anche l'abitudine a pesare, il non fidarsi delle parole approssimative, sono tutte regole di cucina […].

Tradurre Levi in un'altra lingua non può non tenere conto di qualcosa che va oltre la presenza del lessico specialistico, un'influenza che è la stessa forma profonda del pensiero d'autore. Ann Goldstein, che ha tradotto Levi in inglese, ha segnalato, tra le difficoltà:

[…] the science, including not just technical terms but descriptions of intricate biological, chemical, or engineering processes or operations; many words that are not necessarily scientific or technological, but which are unusual […].

Con l'avvertenza che, tra i processi biologici, vanno inclusi per intero molti dei libri di Levi. A partire da *Se questo è un uomo*, indagine e referto sull'antropologia del Lager.

1.10   Il parlato proiettato sulla rete

Struttura reticolare, brevità, frammentazione, snellimento sintattico, affollamento di simboli non alfabetici, semplificazioni del codice grafico, dialogicità. Le caratteristiche della scrittura su web sono abbastanza facili da riconoscere, e si collegano tutte alla più significativa tra le opportunità e, insieme, le limitazioni del mezzo: l'immediatezza. In passato, mandavamo le lettere, che chiedevano tempo per essere scritte, e altro tempo per arrivare a destinazione. Oggi, email, sms, messaggi su WhatsApp si spediscono in un secondo e si leggono in tempo reale. A questo proposito, giocando sulla celebre etichetta «italiano dell'uso medio», Giuseppe Antonelli ha parlato di «italiano dell'uso immediato». Anche la rapidità, però, invecchia. Il linguaggio digitale ha ormai una storia di alcuni decenni, dunque un'evoluzione. Per esempio le abbreviazioni del tipo k per *che* o x al posto di *per,* ormai, sono fuori moda. Archeologia linguistica che i ragazzi, oggi, snobbano.

Accanto all'immediatezza, l'altra caratteristica delle scritture digitali è la concentrazione: le e-comunicazioni sono più brevi delle loro antenate su carta. Ma attenzione, stiamo parlando di una forma di brevità tutta particolare. Fermiamoci un attimo sulla forma di massima miniaturizzazione, il messaggio Twitter di 160 caratteri, e su una felice definizione che ne è stata data: discorso aumentato. Cosa c'entra l'aumento con il nanismo imposto da un numero dato di caratteri? Ebbene, i tweet si segnalano per due caratteristiche, una stilistica e una testuale. Quella stilistica è l'intensificazione delle emozioni, raggiunta attraverso la punteggiatura, con frasi esclamative, o esclamativissime grazie alla moltiplicazioni dei segni interpuntivi; l'uso di forme superlative e di intensificatori, come *davvero*, *proprio*;

la densità di aggettivi enfatici. A questi dati aggiungiamo un fattore dinamico: l'enfasi non può che crescere e moltiplicarsi (questo è vero anche per i messaggi, come mostra l'esempio dei congedi: il bacio si declina presto al plurale, i baci richiedono attributi, come tanti, mille, e diventano rapidamente bacioni e poi bacionissimi, e così via, in una catena iperbolica che perde ogni contatto con la realtà dei rapporti, ma ubbidisce solo alla regola amplificatoria del mezzo). Il secondo aspetto che caratterizza Twitter è quello (inter)testuale: il tweet di 160 caratteri si appoggia su un rimando continuo ad altri testi, che ne definiscono e completano il significato. Ecco perché parliamo di discorso aumentato per questi frammenti brevissimi: per la crescita della loro temperatura emotiva e per il loro bisogno di continui rimandi esterni.

A questo punto si potrà concludere che carattere generale dell'italiano trasmesso non è tanto la brevità, ma l'incompletezza: la sua costituzionale necessità di appoggiarsi ad altro, che sia la battuta di dialogo precedente e successiva, o il link a testi diversi, a loro volta infinitamente linkati.

*

Sull'opportunità di pensare l'italiano in forma plurale dicono molto due titoli, uno vero e uno immaginato. Quello vero è *Italiani scritti* di Luca Serianni (il Mulino, Bologna 2003); quello immaginato è *Storia delle lingue italiane*: così i curatori, Luca Serianni e Pietro Trifone, avevano pensato di intitolare i tre volumi che sono stati infine pubblicati col titolo *Storia della lingua italiana* (Einaudi, Torino 1993-94). La storia del titolo cambiato la racconta Trifone in un saggio del volume collettivo *La storia della lingua italiana. Percorsi e interpretazioni*, Istituto dell'Atlante linguistico italiano, Torino 1994. Sulla vita secolare di un italiano di mera comunicazione pratica, diverso sia dalla lingua letteraria sia dai dialetti, si veda Enrico Testa, *L'italiano nascosto. Una storia linguistica e culturale*, Einaudi, Torino 2014. Sul tema della diversità, è utile leggere Pietro Trifone, *Storia linguistica dell'Italia disunita*, il Mulino, Bologna 2010. Il saggio «Dello scrivere oscuro» di Primo Levi è stato pubblicato sulla *Stampa* nel dicembre 1976, e quindi incluso nella raccolta di Levi *L'altrui mestiere*, Einaudi, Torino 1985, più volte ristampata. Le parole di Manganelli si leggono in Paolo Terni, *Giorgio Manganelli, ascoltatore maniacale*, Sellerio, Palermo 2001. Michail Bachtin elaborò il concetto di pluridiscorsività (la lingua è una «opinione pluridiscorsiva sul mondo») negli anni venti e trenta del Novecento, ma i suoi lavori furono pubblicati in Italia solo negli anni sessanta e settanta. Il libro di riferimento è *Estetica e romanzo*, a cura di Clara Strada Janovič, Einaudi, Torino 1975. Le riflessioni di Enrico Terrinoni sulla traduzione dell'*Ulisse* vengono dal suo saggio «Per un *Ulisse* democratico», in *Tradurre*, 1, 2011, e quindi nel volume *Tradurre. Pratiche teorie strumenti. Un'antologia della rivista*, a cura di Gianfranco Petrillo, Zanichelli, Bologna 2016. Le definizioni di italiano dell'uso medio e italiano neo-standard sono state introdotte entrambe negli anni ottanta, la prima da Francesco Sabatini, «L'italiano dell'"uso medio": una realtà tra le varietà linguistiche italiane» (1985), ora in *L'italiano nel mondo moderno*, vol. II. *Tra grammatica e testi*, Liguori, Napoli 2012; la seconda da Gaetano Berruto, *Sociolinguistica dell'italiano contemporaneo*, La Nuova Italia Scientifica, Roma 1987. Ha invece parlato di italiano «normale» o «senza aggettivi» Arrigo Castellani in due saggi degli anni novanta: «Italiano dell'uso medio o italiano senz'aggettivi?» e «Ancora sull'"italiano dell'uso medio" e l'italiano normale», entrambi in *Nuovi saggi di linguistica e filologia italiana e romanza (1976-2004)*, Salerno, Roma 2009. La citazione dell'*Adalgisa* di Gadda viene dall'edizione Adelphi, Milano 2012, a cura di Claudio Vela. Andrea Camilleri parla della lingua dei pupari siciliani in Andrea Camilleri, Tullio De Mauro, *La lingua batte dove il dente duole*, Laterza, Roma-Bari 2013. L'autoanalisi stilistica di Calvino, datata al 1963, si legge oggi nel Meridiano *Romanzi e racconti*, vol. I. L'analisi del passo di Roth viene dal libro di James Wood *How Fiction Works*, Jonathan Cape, London 2008 (nel capitolo intitolato «Language» ci sono altri begli esempi di quelli che Wood chiama «shifts in diction»). La distinzione tra sottocodici con un lessico specialistico e altri che ne sono privi è condivisa, ma prelevo le due diverse etichette di linguaggi speciali e linguaggi settoriali da Pier Vincenzo Mengaldo, *Storia della lingua italiana. Il Novecento*, il Mulino, Bologna 1994. Tra i sottocodici, i meglio studiati sono il linguaggio giuridico e quello medico. I due libri fondamentali, da cui ricavo anche le parole usate come esempi, sono: Bice Mortara Garavelli, *Le parole e la giustizia. Divagazioni grammaticali e retoriche su testi giuridici italiani*, Einaudi, Torino 2001; e Luca Serianni, *Un treno di sintomi. I medici e le parole: percorsi linguistici nel passato e nel presente*, Garzanti, Milano 2005. Gadda discute di tecnicismi nel saggio «Le belle lettere e i contributi espressivi delle tecniche» (1929), raccolto nel volume *I viaggi e la morte*, Garzanti, Milano 1958. A Luca Serianni, nel volume appena citato, si deve il concetto di «tecnicismi collaterali». La forma *di talché* è invece oggetto di una scheda di Consulenza linguistica della Crusca, in http://www.accademiadellacrusca.it/it/lingua-italiana/consulenza-linguistica/domande-risposte/talch. Le citazioni di Primo Levi su chimica e scrittura provengono la prima e la seconda dal *Dialogo* tra Levi stesso e il fisico Tullio Regge, Edizioni di Comunità, Milano 1984; la terza dalla raccolta di saggi *L'altrui mestiere*, Einaudi, Torino 1985. Le parole di Ann Goldstein sono in Ann Goldstein, Domenico Scarpa, *In un'altra lingua – In another language*, Lezione Primo Levi 6, Einaudi, Torino 2015. Il titolo del paragrafo «Il parlato proiettato sulla rete» riprende una definizione di Luca Serianni in *Leggere, scrivere, argomentare. Prove ragionate di scrittura*, Laterza, Roma-Bari 2013. Sull'italiano digitale rimando alla sintesi di Giuseppe Antonelli nel terzo capitolo («E-taliano. Dimmi come posti e ti dirò chi sei») del suo *Italiano vero. La lingua in cui viviamo*, Rizzoli, Milano 2016. Su Twitter, Stefania Spina, *Fiumi di parole. Discorso e grammatica delle conversazioni scritte in Twitter*, StreetLib, Loreto 2016.

2. Il tessuto della lingua

La lingua non è fatta semplicemente di parole, ma della loro capacità di combinarsi in frasi e testi. Accostare, giustapporre, legare e slegare sono operazioni in parte regolate dalla grammatica, in parte aperte alla libertà di chi scrive, e alla sua volontà di indirizzare l'interpretazione, oppure di stimolare le capacità di inferenza del lettore. Periodi lunghi o corti, subordinazione o giustapposizione, ricchezza o povertà di connettivi sono insomma opzioni stilistiche, ma sono anche strategie comunicative, che creano rapporti diversi tra chi scrive e chi legge.

2.1   Storia di due cuccioli

Nim è un cucciolo di scimpanzé. Nato in Oklahoma nel 1973, allevato dapprima in un nucleo familiare umano, viene quindi affidato a un gruppo di ricercatori, che gli insegnano il linguaggio dei segni. Ne impara 125, in tempi paragonabili a quelli che un bambino impiega ad acquisire lo stesso numero di parole. Ma presto le storie si divaricano perché, a quel punto, un bambino fa qualcosa che il piccolo scimpanzé non ha ancora fatto, e non farà in seguito: stabilisce relazioni tra le parole, cioè le combina e le ordina per ottenere significati diversi e sempre nuovi. Nim arriva a creare sequenze di due o tre segni, ma mai frasi strutturate. Un bambino, al contrario, produce frasi la cui complessità aumenta a ogni stadio del suo sviluppo linguistico.

Questa storia – in realtà un esperimento scientifico – dice una cosa importante: la padronanza della lingua non è il semplice possesso delle parole, ma la capacità di accostarle e di ordinarle in costruzioni che moltiplicano le possibilità del significato. Una capacità che sembra essere prerogativa dell'intelligenza umana.

L'avventura della lingua passa dunque per le parole ma incomincia davvero quando la serie si trasforma in sistema; quando le parole si organizzano in frasi: quando il vocabolario diventa grammatica.

2.2   Lo spazio della frase

La sintassi, o insieme della relazioni grammaticali che regolano una frase, contiene nella sua etimologia l'idea di unione, e quella di ordine. Dunque un insieme di parole non semplicemente accostate, ma soggette a una organizzazione: quell'organizzazione che il cucciolo di scimpanzé non è stato in grado di imprimere al suo vocabolario.

Cos'è la frase, prima di tutto? Ci sono diverse definizioni. Luca Serianni parla di sequenza di parole contenuta tra due pause forti, al cui interno si trova un verbo di senso compiuto; Francesco Sabatini di un'espressione linguistica che contiene almeno il verbo e gli altri elementi necessari per completare l'informazione.

Al centro della frase c'è dunque il verbo: attraverso i verbi, le cose e i fatti (le parole che li definiscono) si ordinano, entrano in relazione tra loro, acquistano senso. La linguistica insegna che, per completare il suo significato, il verbo si combina con un numero variabile di elementi. Questa capacità è stata descritta con una metafora chimica: come gli elementi sono dotati di valenze, così i verbi richiedono argomenti che completino il concetto. Esistono verbi zerovalenti, che non necessitano di alcun argomento (*nevicare*, *piovere*); verbi monovalenti, o dotati di una sola valenza (*dormire* ha bisogno soltanto del soggetto, espresso o taciuto); bivalenti (i verbi che richiedono, accanto al soggetto, un complemento diretto o indiretto), trivalenti, come *prestare* (qualcosa a qualcuno), tetravalenti, come *trasferire* (qualcosa da un posto a un altro).

La frase semplice, o nucleare, è quella dove il verbo è accompagnato dai suoi argomenti, o valenze, ivi incluse le proposizioni completive, cioè quelle subordinate che hanno funzione di soggetto o di complemento oggetto, e fanno tutt'uno col nucleo della frase. Dunque *Mangio una mela* e *Ritengo che tu sbagli* sono entrambe frasi nucleari, dove quanto si accompagna al verbo è necessario per raggiungere un significato.

Data un frase nucleare, è possibile ampliarla con informazioni aggiuntive: attributi, apposizioni, frasi relative – che modificano il nome; avverbi, o altre forme che indicano tempi, modi, cause, intenzioni e così via. È anche possibile introdurre dei margini: cioè nuove azioni, nella forma di proposizioni subordinate. Tutti questi elementi trovano posto nella frase. Ed ecco allora un'altra definizione di frase, quella proposta nella *Grande grammatica italiana di consultazione*: unità massima entro cui vigono delle relazioni di costruzione. La frase è uno spazio architettonico.

2.3   La libertà di chi scrive

Proprio entro la frase si gioca la partita forse più importante del rapporto tra una lingua e chi la scrive: quella della libertà. Leopardi definiva il francese, con le sue regole esatte e costanti, una lingua geometrizzata, dunque poco libera. La lingua può essere dunque una gabbia, che costringe il parlante alla sua struttura logica? La grammatica è un insieme di regole che si impongono, oppure uno strumento, che offre una varietà di opzioni? In realtà la grammatica è entrambe le cose, in momenti diversi. Esistono cioè regioni governate dalle regole; e aree dove la grammatica non detta norme ma offre possibilità, repertori di opzioni al servizio delle necessità del parlante. Questi due ambiti sono stati definiti rispettivamente grammatica delle regole e grammatica delle scelte.

Entrano nel dominio della grammatica delle regole: la fonologia, cioè il sistema dei suoni che formano le parole; e le strutture morfologiche, che raggruppano i meccanismi di flessione, dunque declinazione e coniugazione. Anche il nucleo della frase semplice (il verbo e i suoi argomenti) ha un'architettura portante rigida: il sistema di accordi tra articoli e nomi, nomi e aggettivi, soggetti e verbi non è disponibile alle decisioni di chi usa la lingua, ma sottoposto alle regole della grammatica. La struttura della frase semplice non può essere alterata se non incrinando il suo buon funzionamento, e creando forme agrammaticali.

Se costruire una frase nucleare è un'azione guidata dalle regole, ampliarla è invece un'operazione che non segue norme imposte, ma seleziona possibilità: arrivati a questo punto, non si ubbidisce, si sceglie. Cioè, le espressioni che si aggiungono al nucleo e lo arricchiscono entrano nella frase per soddisfare le esigenze comunicative di chi scrive; non hanno una forma unica, ma possono variare.

Tre esempi, tutti tratti dalla *Tregua* (1963) di Primo Levi.

1. Nei primi giorni del gennaio 1945, sotto la spinta dell'Armata Rossa ormai vicina, *i tedeschi avevano evacuato* in tutta fretta *il bacino minerario* slesiano.
2. Nelle lunghissime sere polacche, *l'aria* della camerata, greve di tabacco e di odori umani, *si saturava di sogni* insensati.
3. Ma *mi accorsi* ben presto *che qualcun altro vegliava*.

Il nucleo è evidenziato in corsivo. In tutte le frasi il verbo è bivalente, e si satura con un oggetto diretto nella prima, con un complemento indiretto nella seconda, con una proposizione completiva nella terza.

Attorno al nucleo, nelle diverse frasi, si dispongono espansioni, o margini, che moltiplicano i contenuti della frase. Ci sono espansioni nominali, come i pronomi e gli aggettivi; e ci sono relazioni concettuali: in questi esempi espressioni di tempo; ma altre se ne potrebbero aggiungere per specificare relazioni di causa, di motivo, di concessione, di strumento.

Prendiamo le espansioni temporali che compaiono nelle frasi di Primo Levi: *Nei primi giorni del gennaio 1945*; *Nelle lunghissime sere polacche*; *ben presto*. Ciascuno di questi elementi potrebbe essere espresso anche in forme diverse, e ciascuno, non avendo col nucleo un legame grammaticale, potrebbe collocarsi anche in punti della frase diversi da quelli scelti dallo scrittore.

Le espansioni, o margini, appartengono dunque alla grammatica delle scelte, perché sono espresse in forme decise di volta in volta dallo scrivente che è libero di selezionare, tra le molte possibili, una opzione che risponde alle sue esigenze comunicative.

2.4 Costruire ponti

Questa è la libertà che la lingua offre: organizzata un frase nucleare che risponda alle buone regole della grammatica, si decide cos'altro dire, e si considera il ventaglio di risorse a disposizione. A questo punto, chi scrive sceglie. Non applica una norma, piuttosto valuta e decide.

Ma c'è un'altra proprietà – o libertà – ancora più interessante. I margini, che ampliano le informazioni attorno al nucleo della frase, possono anche essere spostati in una frase indipendente. Per esempio la frase 1 (facendo violenza alla prosa di Primo Levi!) sarebbe formulabile anche così:

1. Sotto la spinta dell'Armata Rossa ormai vicina, i tedeschi avevano evacuato in tutta fretta il bacino minerario slesiano. *Questo accadeva nei primi giorni del gennaio 1945.*

Dunque: quando si esce dalla frase nucleare, la libertà ideativa spazia all'interno del periodo stesso, o può superarne i confini. Cioè, la lingua consente di creare, con gli stessi contenuti due frasi indipendenti.

È bene precisare che questa proprietà appartiene esclusivamente ai margini, cioè a quei processi che si collegano a quanto espresso nella proposizione principale, e ne arricchiscono il contenuto. Le subordinate completive, invece, saturano una valenza del verbo principale, o del predicato nominale, e non possono essere staccate e collocate in una frase indipendente. La forbice è rilevante anche perché le completive, come gli altri argomenti del verbo, ubbidiscono alla grammatica delle regole, mentre i margini entrano nell'ambito della grammatica delle scelte. Un rapido schema, per rendere evidenti le differenze (la completiva che serve da esempio è prelevata, di nuovo, dalla *Tregua* di Primo Levi):

COMPLETIVE	MARGINI
Di quale natura fossero quei preparativi, si seppe ben presto.	Facevano preparativi **perché stavano organizzando una gran festa**.
la completiva satura una valenza del verbo principale	il margine introduce un processo completo collegato a quello principale
la principale NON è indipendente	la principale è indipendente
la subordinata NON si può staccare	la subordinata SI PUÒ staccare
GRAMMATICA DELLE REGOLE	GRAMMATICA DELLE SCELTE
(la funzione della subordinata si può esprimere solo così)	(i due processi si possono collegare anche diversamente)

Torniamo ai margini, che possono dunque separarsi dalla frase nucleare, e formare una frase indipendente. Non solo: la nuova frase potrà collegarsi alla principale secondo relazioni concettuali variabili, sempre scelte da chi scrive. Le relazioni sono quelle che tutti riconosciamo: di anteriorità, contemporaneità o posteriorità, causali, condizionali, concessive o finali.

Negli esempi di Levi, le relazioni espresse erano temporali. A proposito delle altre relazioni, ci sono alcune cose da dire. Occorre prima di tutto distinguere tra la causa, che ha a che vedere col mondo fenomenico («è arrivata la siccità perché non è piovuto per giorni»), e il motivo, che coinvolge azioni compiute da esseri umani razionali («studio molto perché voglio laurearmi presto»). Il fine è, a sua volta, un tipo di motivo proiettato non nel passato, come la pioggia che ha inondato la campagna, ma nel futuro: «studio molto per laurearmi presto». Anche la concessiva parte da una relazione di causa o motivo, e la inverte di segno perché fa seguire alla causa un effetto opposto alle attese. A sua volta, la condizione è una causa o un motivo non reale ma solo ipotizzato.

Dato questo ventaglio di possibili relazioni, e una volta scelta quella che vuole stabilire tra due processi, chi scrive si trova di nuovo di fronte a una serie di possibilità espressive.

Partiamo ancora da una frase di Primo Levi prelevata, questa volta, da *Titanio*, uno dei racconti del *Sistema periodico* (1975):

Faceva insomma tante cose così strane e nuove che era interessantissimo starlo a guardare.

Questa frase contiene due processi, o azioni di senso compiuto: Faceva tante cose strane e nuove; Era interessantissimo starlo a guardare. Il ponte che li unisce è un motivo, e lo scrittore utilizza per esprimerlo una proposizione consecutiva, dunque una forma intensificata di rapporto causale.

Ma la sua è solo una delle scelte possibili, perché il ponte tra i due processi non è regolato da una norma grammaticale inderogabile, e dipende invece dalla decisione del parlante. Ecco una serie di possibili opzioni – altrettanto grammaticalmente corrette.

1. Faceva tante cose strane e nuove. Era interessantissimo starlo a guardare.
2. Faceva tante cose strane e nuove, ed era interessantissimo starlo a guardare.
3. Faceva tante cose strane e nuove. Per questo era interessantissimo starlo a guardare.
4. Faceva tante cose strane e nuove. Dunque era interessantissimo starlo a guardare.
5. Perché faceva tante cose strane e nuove, era interessantissimo starlo a guardare.
6. Quando faceva tante cose strane e nuove, era interessantissimo starlo a guardare.
7. Faceva insomma tante cose così strane e nuove che era interessantissimo starlo a guardare.

Un ventaglio di possibilità, dunque – certo non equivalenti dal punto di vista comunicativo.

In alcuni di questi esempi c'è connessione grammaticale tra i due processi: coordinazione (2), o subordinazione (5, 6, e la forma scelta da Primo Levi, che ho ripetuto al numero 7). In altri casi (1, 3, 4), i due processi si collocano in frasi autonome, che escono dal dominio della sintassi, e formano, invece, un testo.

2.5   Il tessuto del testo

Prima di tutto, una definizione di testo. Questa, per iniziare: il testo è una produzione linguistica dotata di senso compiuto, fatta da un emittente e ricevuta da un destinatario, in un contesto determinato, con l'intenzione e l'effetto di comunicare.

L'etimologia è parlante: il latino *textus*, tessuto, poi intreccio, tessitura, è participio passato del verbo *texere*. Dunque, una delle frequenti metafore artigianali attraverso le quali il latino trasloca un vocabolo dall'ambito pratico a quello intellettuale. Il passaggio si applica, in questo caso, all'operazione dello scrivere: il testo è un tessuto, o intreccio di parole e di frasi, che non fluttuano, indipendenti l'una dall'altra, ma sono legate in unità di senso. È il tessuto linguistico del discorso.

A questo punto è chiaro che il testo si distingue dalla frase non tanto in senso quantitativo (esistono frasi molto lunghe e testi molto brevi), ma in senso qualitativo, cioè per una unità (tessitura) interna che si realizza, però, al di fuori di qualunque legame grammaticale o sintattico. Ripetiamolo: il testo NON è unificato da connessioni grammaticali, ma deriva la sua struttura unitaria dal fatto che gli enunciati che lo compongono si legano tra loro in una rete di relazioni concettuali, fino a formare un messaggio. Condizione imprescindibile perché un testo sia tale è la coerenza, cioè la sua unità di significato, la capacità delle sue parti di integrarsi in un tutto. Le prime tre strofe di un celeberrimo mottetto di Montale,

Il ramarro, se scocca
sotto la grande fersa
delle stoppie –

la vela, quando fiotta
e s'inabissa al salto
della rocca –

il cannone di mezzodì
più fioco del tuo cuore
e il cronometro se
scatta senza rumore –

sono un catalogo di immagini che rimangono, al principio, ir-
relate, non arrivano a fare somma. Non sono un testo. Ma tale
diventano con l'intervento degli ultimi tre versi, che si aprono
dopo una riga di sospensione segnata da puntini:

> ....
> e poi? Luce di lampo
>
> invano può mutarvi in alcunché
> di ricco e strano. Altro era il tuo stampo.

Ora la poesia, pur nel suo mistero, si è fatta, linguisticamente,
testo: ha creato un rapporto tra le immagini – che condividono
l'impossibilità di mutarsi in qualcosa di ricco e strano. Talvolta, dunque, un testo si rivela tale solo grazie all'ingresso di un
esplicito elemento semanticamente unificante.

La coerenza, l'unità concettuale di un testo è spesso sostenuta da segnali specializzati, che rendono evidenti i rapporti tra i
diversi enunciati. Questa seconda proprietà dei testi prende il
nome di coesione, cioè l'insieme dei mezzi linguistici che con-
nettono gli enunciati e le parti di un testo. La coesione è la forma linguistica della coerenza.

Si distinguono due categorie di elementi coesivi. Le forme
coesive vere e proprie segnalano la persistenza del tema (ciò di
cui si parla) richiamando un elemento già comparso in precedenza. In questa categoria entrano pronomi, perifrasi, ripetizioni, riformulazioni, incapsulamenti, iperonime e iponimie. Gli
elementi connettivi sottolineano invece l'articolazione interna
del testo, ne collegano le diverse parti evidenziando i rapporti
logici. In questo gruppo rientrano congiunzioni, avverbi, par-

ticelle modali, sintagmi preposizionali, o anche interi enunciati che marcano passaggi (*per passare ora a…*).

È importante ribadire che non si dà testo senza coerenza, mentre la coesione potrebbe anche non essere attiva: *Veni. Vidi. Vici* è un testo; *Io studio chimica. La luna, invece, non si vede*, pur in presenza del connettivo *invece* non è un testo, perché manca di coerenza.

2.6   La libertà di chi legge

Uno dei motivi per cui è opportuno riconoscere le scelte comunicative di una frase e di un testo è il rapporto che, grazie alla grammatica, l'autore crea con la libertà interpretativa di chi legge. Tornando all'esempio di Primo Levi: la forma 1 («Faceva tante cose strane e nuove. Era interessantissimo starlo a guardare») non rende esplicito nessun rapporto tra i due processi, e lascia dunque spazio all'interpretazione del lettore. All'estremo opposto, la forma 7, quella scelta da Levi («Faceva insomma tante cose così strane e nuove che era interessantissimo starlo a guardare»), fissa una relazione consecutiva che il lettore non può che interpretare secondo le direttive sintattiche fornite dallo scrittore.

Le due modalità prendono il nome di codifica (che agisce quando l'autore controlla l'espressione della relazione) e inferenza (che è l'azione interpretativa da parte del lettore). A un grado più alto di codifica corrisponde un assottigliarsi dello spazio di inferenza e, viceversa, una codifica debole o inesistente postula ampi margini di inferenza da parte del lettore. Torniamo alla forma 1, quella dove massima apertura è lasciata all'inferenza del lettore. I due processi sono semplicemente accostati, e non compare alcuna esplicita indicazione sul loro rapporto. Motivo? Tempo? Consecuzione (come in effetti stabilisce Primo Levi)? Sarebbero addirittura praticabili altre possibilità. Per esempio:

8. Nonostante facesse tante cose strane e nuove, era interessantissimo starlo a guardare.

Partendo dalla semplice giustapposizione di due azioni, nulla vieta al lettore di supporre che, per un ipotetico personaggio allergico alle novità, l'interesse sorga nonostante quelle.

Dunque, nel nostro esempio, le forme 3, 4, 5, 6, 7 e 8 sono codificate; in 1 e 2 agisce solo l'inferenza.

Codifica e inferenza sono graduabili attraverso la sintassi entro lo spazio della frase; attraverso i nessi coesivi quando si oltrepassano i confini della frase, e ci si sposta al testo. Cioè, le connessioni tra processi, o relazioni transfrastiche, possono essere realizzate sia nel periodo, grazie a frasi subordinate non completive, sia nel testo, con l'intervento di nessi coesivi. Parliamo dunque di codifica completa nei casi 3, 4 e 5, perché il motivo è chiaramente espresso dai connettivi frasali *Dunque* e *per questo*, o dalla subordinata causale; la frase 6 è invece un caso di ipocodifica, perché la relazione temporale rimanda in effetti a un motivo, che però il lettore coglie solo per inferenza; la forma 7 – quella scelta dallo scrittore – mostra un caso di ipercodifica, perché la relazione è espressa con pienezza, senza lasciare alcuno spazio all'inferenza (le cose erano così tante e così nuove che l'effetto di guardare non può non prodursi). Ugualmente ipercodificata è la versione 8, che esprime senza spiragli di dubbio un rapporto concessivo.

Sul fronte opposto, chi legge enunciati giustapposti (1) o coordinati (2) è come di fronte a un bricolage (la metafora è di Lévi-Strauss), e tocca a lui individuare il valore dei pezzi che si trova tra le mani.

Codifica e inferenza si graduano in modo diverso anche a seconda dei diversi tipi di testi. Anzi, è possibile classificare i testi in base alla rigidità del vincolo interpretativo imposto dall'autore. Agli estremi della scala si collocano da un lato i testi rigidi ed espliciti, o molto vincolanti, come sono quelli scientifici, tecnici o giuridici, che non possono concedere spazio alla libera interpretazione del lettore; dall'altro i testi elastici e impliciti, o poco vincolanti, che includono, in generale, i testi letterari. Questo modello nasce per proporre una classificazione di diversi tipi di testi, e per questo colloca i testi letterari nel loro insieme dal lato dell'elasticità non vincolata. Lavorando poi sui soli testi letterari si vede naturalmente che la gamma delle varietà interne è molto estesa. Fondamentale, dunque, l'invito a prestare attenzione al tipo di vincolo che l'autore sceglie, con mezzi grammaticali, di imporre al lettore.

2.7 Tradurre, e il bricolage

Se l'avventura inferenziale spetta al lettore, al traduttore tocca invece riconoscere e riprodurre anche le scelte comunicative dell'autore in tema di codifica o inferenza. Un bell'esempio arriva dal romanzo *Women in Love* (1920) di D.H. Lawrence. Le protagoniste, Ursula e Gudrun, riflettono sul fatto che nessuna di loro è tentata dal matrimonio. E la voce d'autore commenta:

> They both laughed, looking at each other. In their hearts they were frightened.

Una traduzione pubblicata, ma anche molti studenti ai quali Tim Parks – che ha analizzato questa frase – racconta di avere sottoposto il passaggio, propongono una resa di questo tipo:

> Scoppiarono tutte e due a ridere, guardandosi. Ma in fondo al cuore erano spaventate.

Parks chiosa che sembra una convinzione diffusa che se hai paura non ridi, e per questo molti traduttori tendono a rendere il nesso esplicito, inserendo l'avversativa *ma*; mentre Lawrence vuole proprio dire il contrario, cioè che si ride perché si ha paura, per negare la paura. Alla luce di quanto visto fin qui, importa aggiungere questo: il processo di inferenza appena descritto è del tutto legittimo ma, su un testo elastico e non vincolato come quello di *Women in Love*, non è l'unico possibile. Quale che sia l'operazione di bricolage che il critico, o il lettore, attuerà sul testo, essenziale è che il traduttore lo metta in condizione di farlo. Non oscurare, dunque, la mancata codifica scelta dall'autore, ma rispettarne, con mezzi grammaticali equivalenti, il senso e il valore.

Mantenere margini di ambiguità, come fa Lawrence, oppure indirizzare chi legge è una scelta fondante. La grammatica offre agli scrittori i mezzi per attuare l'una o l'altra possibilità; e agli interpreti, ivi inclusi i traduttori, una chiave per misurarne la realizzazione. Claudio Magris, insistendo sul dovere del traduttore di rispettare il mistero del testo, ha detto la stessa cosa con parole definitive: «bisogna correre il rischio di non essere capiti, come nella vita».

The Great Gatsby di F. Scott Fitzgerald propone una sfida paragonabile, in un passaggio che è stato discusso da Franca

Cavagnoli. Nel capitolo IV, Gatsby e il narratore, Nick, si avvicinano, in macchina, a New York:

> We passed Port Roosevelt, where there was a glimpse of red-belted ocean-going ships, and sped along a cobbled slum lined with the dark, undeserted saloons of the faded-gilt nineteen-hundreds.

A questa prima descrizione panoramica segue una pagina fitta di dialoghi. Quindi, lo sguardo si riapre sulla vista di Manhattan dal Queensboro Bridge:

> Over the great bridge, with the sunlight through the girders making a constant flicker upon the moving cars, with the city rising up across the river in white heaps and sugar lumps all built with a wish out of non-olfactory money.

Come nota Franca Cavagnoli, l'ellissi del verbo, un tratto stilistico tipico di Fitzgerald, va mantenuta, pena una impropria razionalizzazione delle scelte autoriali. Ma – aggiungiamo qui – va anche rispettata la scelta di isolare il quadro panoramico, che in inglese risulta slegato da quanto immediatamente precede, e richiama piuttosto l'altra descrizione, che era stata proposta diverse righe prima. Inserire nel passo un elemento connettivo, in forma di rimando al panorama gemello (*di nuovo...*), o di passaggio dal dialogo appena chiuso (*ormai*; *a questo punto*; *intanto...*) significherebbe non riconoscere una struttura identitaria del testo: la giustapposizione di segmenti, ora narrativi, ora descrittivi, ora mimetici che spesso si susseguono, istantanea dopo istantanea, senza che sia esplicitata alcuna forma di legamento. Al lettore, non al traduttore, l'avventura di immaginare quei ponti che l'autore ha scelto di non costruire.

2.8   *Il gomitolo delle concause*

La presenza, o l'assenza, di connettivi determina il livello di codifica di un testo. Nell'ambito della frase lo stesso compito è svolto dalla sintassi.

Nella tradizione letteraria italiana, erede del latino, si sono affollati per secoli periodi lunghi e sintatticamente complessi, caratterizzati da quella che Leopardi chiamava «accuratissima fabbrica e stretta legatura». Legatura è, appunto, la parola chiave: la sintassi concatena insieme mille pensieri, definisce rapporti, primi piani, sfondi, chiari giudizi.

Ecco un lungo periodo dal capitolo XXVIII dei *Promessi sposi*:

> Troviamo bensì nelle relazioni di più d'uno storico (inclinati, com'erano, i più a descriver grand'avvenimenti, che a notarne le cagioni e il progresso) il ritratto del paese, e della città principalmente, nell'inverno avanzato e nella primavera, quando la cagion del male, la sproporzione cioè tra i viveri e il bisogno, non distrutta, anzi accresciuta da' rimedi che ne sospesero temporaneamente gli effetti, e neppure da un'introduzione sufficiente di granaglie estere, alla quale ostavano l'insufficienza de' mezzi pubblici e privati, la penuria de' paesi circonvicini, la scarsezza, la lentezza e i vincoli del commercio, e le leggi stesse tendenti a produrre e mantenere il prezzo basso, quando, dico, la cagion vera della carestia, o per dir meglio, la carestia stessa operava senza ritegno, e con tutta la sua forza.

Manzoni crede che spetti allo storico notare non solo il progresso, ma anche le *cagioni*, o ragioni, degli eventi. Il termine chiave *cagione* è infatti ripetuto tre volte nel passo, e la forma stessa del periodare contiene i due poli significanti: limiti degli storici da un lato; indicazione, dall'altro, delle ragioni della carestia. La scelta di contenere il complesso sistema di cause ed effetti all'interno di un unico lungo periodo ottiene il risultato di afferrare il lettore e guidarlo, passo a passo, nell'interpretazione della storia. Lo spazio di inferenza è ridotto al minimo. Quello che Gadda avrebbe chiamato il «gomitolo delle concause» si sgrana in lunghezza. Quando la tenuta mnemonica potrebbe incrinarsi, l'autore riacchiappa il lettore con l'elemento fatico *dico*, secondo un uso frequente nella prosa ottocentesca in generale, e di Manzoni in particolare.

Il lettore è dunque irretito, condotto per mano, costretto in un percorso recintato che non consente alternative: guidato, infine, a riconoscere le cause della carestia in quelle indicate da Manzoni. La sintassi è un esercizio di potere.

Difficile, certo, restituire in una lingua diversa dall'italiano un sistema di tanta complessità. Burkhart Kroeber, autore di una traduzione tedesca dei *Promessi sposi* (2000) particolarmente apprezzata per il suo innovativo rispetto dell'architettura sintattica originale, ha comunque sottolineato il rischio dell'arcaismo involontario che riprodurre forme ipotattiche in tedesco porta con sé: «Quando si traduce letteralmente dall'italiano in tedesco si ottiene spesso un effetto un po' solenne o *altmodisch,* a causa dell'uso frequente, in italiano, di costruzioni participiali o gerundive – o addirittura con ablativo assoluto – che nel tedesco moderno sembrano costruzioni antiche, quasi latine».

Certo, la versione inglese corrente e più diffusa dei *Promessi sposi* attenua proprio un aspetto essenziale della posizione d'autore: la codifica sintattica.

> The historians of those days were more given to describing
> great events than to tracing their cause or development; but
> we do find, in the works of more than one of them, a clear pic-
> ture of the countryside, and a still clearer of the city, in the late
> stages of that winter and in the following spring. At that time
> the cause of the trouble, which was the disproportion between
> the size of the stocks of food and the demand for them, had not
> been removed by the remedies which had temporarily masked
> its effects – and in fact those remedies had made things worse.
> Nor could the cause of the trouble be removed by the import
> of adequate quantities of foreign corn, to which there were ob-
> stacles such as the lack of private or public funds for the purpo-
> se, the poverty of the surrounding territories, the small volume
> and leisurely pace of trade at that time, and the restrictions ap-
> plied to it, and the very regulations that tended to produce and
> maintain low prices.

Parafrasi, in verità, più che traduzione, il brano inglese sceglie di rendere la subordinata temporale (*quando la cagion del
male…*) con un periodo indipendente (*At that time…*) rinunciando, in questo modo, a incapsulare le ragioni individuate da
Manzoni entro il ritratto fornito dagli storici precedenti; e inserisce un punto fermo là dove l'originale collegava con una
virgola (*, e neppure* → *. Nor*). Impallidisce così, in nome di un
tentativo di razionalizzazione sintattica, l'opzione stilistica del
periodare ad ampie volute. Risultato non infrequente: Pier Vincenzo Mengaldo, che ha analizzato la traduzione spagnola del
poeta Pedro Salinas del passo inziale di *À l'ombre des jeunes*

filles en fleur, parla di «geometria piana» che si sostituisce alla «geometria curva» dell'originale. Una definizione che si adatta anche alla resa inglese dei *Promessi sposi*.

Ma cade anche, nella versione inglese di Manzoni, il senso stesso della stretta legatura: creare un sistema governato in toto dalla voce narrante, che si incunea, con la sua nuova prospettiva, all'interno del quadro già esistente. Scelte che dicono moltissimo della strategia argomentativa obliqua di Manzoni, che vuole indirizzare il lettore avviluppandolo in un sistema sintattico che ingloba, gerarchizzandoli, i limiti degli altri storici e le sue stesse convinzioni.

*

L'esperimento che ha per protagonista il cucciolo di scimpanzé è ricordato da Andrea Moro in *Parlo dunque sono. Diciassette istantanee sul linguaggio*, Adelphi, Milano 2012; e descritto in H.S. Terrace, L.A. Petitto, R.J. Sanders, T.G. Bever, «Can an Ape Create a Sentence?», *Science*, 23 November 1979, Volume 206, Number 4421. La definizione di frase di Serianni è in una grammatica indispensabile, cui farò spesso riferimento: *Italiano. Grammatica. Sintassi. Dubbi* di Luca Serianni con la collaborazione di Alberto Castelvecchi, Glossario di Giuseppe Patota, Garzanti, Milano 1997. Il concetto di valenza è stato elaborato dal linguista francese Lucien Tesnière, e diffuso in Italia soprattutto grazie a Francesco Sabatini. Di Sabatini consiglio l'efficace sintesi di temi grammaticali nel suo libro più recente, *Lezione di italiano. Grammatica, storia, buon uso*, Mondadori, Milano 2016. Tra i vocabolari italiani, il Sabatini-Coletti, *Dizionario della lingua italiana*, Rizzoli-Larousse, Milano 2004, è a oggi il solo che registra le valenze dei verbi. Un'altra grammatica fondamentale è la *Grande grammatica italiana di consultazione*, tre volumi, a cura di Lorenzo Renzi, Giampaolo Salvi e Anna Cardinaletti, il Mulino, Bologna 2001. La distinzione tra regioni della grammatica dove vigono regole e altre dove si offrono scelte si deve a Michele Prandi, che ha formalizzato il suo sistema in due libri: *Le regole e le scelte. Introduzione alla grammatica italiana*, UTET, Torino 2006; e *L'analisi del periodo*, Carocci, Roma 2013. La classificazione dei tipi di testo basata sul vincolo interpretativo è stata proposta da Francesco Sabatini nel saggio «"Rigidità-esplicitezza" vs. "elasticità-implicitezza": possibili parametri massimi per una tipologia dei testi» (1999), in *L'italiano nel mondo moderno*. vol. II. *Tra grammatica e testi*, Liguori, Napoli 2012. La definizione di Leopardi dei periodi strettamente legati è in una lettera del poeta a Pietro Giordani del 13 luglio 1821. L'esempio da Lawrence è utilizzato da Tim Parks nel suo *Translating Style: A Literary Approach to Translation – A Translation Approach to Literature*, Second edition, Routledge, London and New York 2014, e discusso anche nell'articolo «Leggere senza paraocchi», *Domenica – Il Sole 24 Ore*, 13 aprile 2014. Le parole di Claudio Magris vengono dall'intervista «Un po' complice, un po' rivale: il traduttore è un vero coautore», in Ilide Carmignani, *Gli autori invisibili. Incontri sulla traduzione letteraria*, Besa, Lecce 2008. Il libro di Franca Cavagnoli al quale si fa riferimento è *La voce del testo. L'arte e il mestiere di tradurre*, Feltrinelli, Milano 2012. L'espressione «gomitolo di concause» è impiegata da Gadda in una lettera a Pietro Citati dell'agosto 1959, e dà il titolo alla raccolta Carlo Emilio Gadda, *Un gomitolo di concause. Lettere a Pietro Citati (1957-1969)*, a cura di Giorgio Pinotti, Adelphi, Milano 2013. L'affermazione di Burkhart Kroeber è riportata da Umberto Eco in *Dire quasi la stessa cosa. Esperienze di traduzione*, Bompiani, Milano 2003. La traduzione inglese dei *Promessi sposi* è quella di Bruce Penman, *The Betrothed*, Penguin Classics, 1972 e successive ristampe. Pier Vincenzo Mengaldo analizza la traduzione spagnola di Proust in *Prima lezione di stilistica*, Laterza, Roma-Bari 2001.

3. Dire di più con le stesse parole

Spostare le parole all'interno delle frasi è un gioco combinatorio che moltiplica le possibilità espressive: un dispositivo utilissimo per aggirare le regole che, in italiano, impongono una posizione fissa al soggetto e al complemento oggetto. Le frasi segmentate non sono un errore da evitare, ma una risorsa, che va sfruttata al meglio.

3.1   Sao ke kelle terre

Scoppia un contenzioso sulla proprietà di un terreno. Tra i testimoni, compare un personaggio che si esprime in una lingua
diversa dal latino giuridico dei suoi interlocutori. E dice:

> Sao ke kelle terre per kelle fini que ki kontene trenta anni le
> possette parte Sancti Benedicti

Queste poche parole sono, in realtà, un testo illustre: datate
all'anno 960 dopo Cristo, si considerano il primo documento
che attesta l'uso consapevole del volgare. Dunque, l'atto di nascita dell'italiano. La frase compare all'interno di uno scritto
ufficiale, il cosiddetto Placito capuano. Si tratta di un verbale
steso in latino da un notaio che riporta, citandola letteralmente, la testimonianza di un tale che il latino probabilmente sapeva parlarlo ma che, in quel caso, si esprime per farsi capire
anche da chi, invece, non lo conosceva. Il senso è ancora oggi
chiaro: So che quelle terre, entro i confini che qui si descrivono, le possedette per trent'anni il monastero di San Benedet-
to. Ma il testimone (sappiamo che il suo nome era Gariperto)
non si limita a restituire la primissima infanzia della nostra
lingua. Ne utilizza anche una risorsa espressiva che ha attra-
versato i secoli ed è, ancora oggi, vitale: l'anticipazione del
complemento oggetto («kelle terre») a sinistra del verbo, in
posizione di massima visibilità. Un modo di dirigere l'attenzione dell'ascoltatore, e l'energia comunicativa dell'intera frase, sull'elemento anticipato.

3.2   *Muovere le parole*

La lingua appena nata è un esempio remoto di parlare mescidato: alle espressioni volgari si affianca la formula notarile
latina *parte Sancti Benedicti*. Un italiano semplice, con tratti locali già marcati (forme vicine a *ke* e a *kelle* sono presenti
ancora oggi in alcuni dialetti meridionali), ma non per questo privo di efficacia. Anzi: Gariperto si fa capire benissimo. E
lo fa, istintivamente, anche rigirando le parole della sua frase,
e ordinandole secondo la sequenza che meglio esprime quello che vuole dire.

 L'intervento sull'ordine dei costituenti per scopi comunicativi è una risorsa tipica del volgare, limitata e regolata entro un
sistema preciso di possibilità. Era invece sconosciuta al latino
classico, dove la libertà di collocazione era molto più ampia,
perché le funzioni logiche delle parole non erano determinate
in base alla loro posizione, ma dai casi: la desinenza distingue-
va non solo il genere e il numero, ma anche la funzione svolta
da ciascun termine. Questo significa che, anche ruotando i vocaboli, una frase non cambia significato:

Claudius salutat Marcellum
Marcellum Claudius salutat
Marcellum salutat Claudius
Claudius Marcellum salutat.

Le quattro combinazioni sono equivalenti dal punto di vista semantico, e nessuna di loro ha valore marcato. Nella pratica, il
latino classico tendeva a privilegiare l'ordine sov (soggetto-og-
getto-verbo: «Claudius Marcellum salutat»), mentre nei secoli
tardi e nel latino parlato si va affermando l'ordine svo, poi pas-

3. Dire di più con le stesse parole 77

sato all'italiano. Dunque, la sequenza normale, fin dall'italiano delle origini, è SVO: «Claudio saluta Marcello».

Caduto il sistema delle declinazioni, l'ordine acquista, in italiano, il ruolo di segnalare la funzione logica delle parole, che si riconosce anche attraverso la loro posizione nella frase. E la libertà di movimento, per certi versi, si limita. Più specificamente, i sintagmi nucleari (cioè i sintagmi necessari affinché la frase possa realizzarsi in modo completo, che sono spesso il soggetto e il complemento oggetto) hanno di solito posizione fissa; mentre i sintagmi extranucleari, o elementi facoltativi, godono di maggiore libertà di movimento. Questa frase introduce sulla scena il protagonista del primo romanzo di Gabriele D'Annunzio, *Il piacere* (1889):

Andrea Sperelli aspettava nelle sue stanze un'amante.

L'italiano tende a trasmettere le informazioni in modo lineare, presentando prima il tema, o topic, quindi il rema, o comment. Il rema può a sua volta realizzare una progressione interna del peso comunicativo, che porta gradualmente a un punto culminante, o fuoco (focus). Dunque in una frase normale come questa il soggetto, o tema, precede il verbo («Andrea Sperelli aspettava...»), e il complemento segue entrambi («... un'amante»). L'insieme di verbo e complemento costituisce il rema, mentre il solo complemento oggetto finale è il focus della sequenza informativa. La specificazione locale «nelle sue stanze» potrebbe essere collocata anche in altri luoghi della frase (in apertura, in chiusura, a seguito del soggetto), mentre un ipotetico scambio di posto tra Sperelli e l'amante sortirebbe, a differenza di quanto succede in latino, anche uno scambio dei loro ruoli grammaticali.

Dato questo vincolo, che discende dalla struttura inde-
clinata delle parole italiane, restano però non pochi spazi di
movimento. E sono importanti, perché agire sull'ordine di costituenti per i quali la grammatica prescrive una posizione fissa
significa attivare un dispositivo che aggira le regole, e imprime
alla frase una particolare piega comunicativa.

Questa parziale libertà di intervento poggia su due caratteristiche: il ricco sistema di flessione dei verbi italiani, che permet-
te quasi sempre di risalire al soggetto; e l'ampia disponibilità di
pronomi clitici (*mi, ti, gli, lo, la, li, le, ci, vi, si, ne*) che chiarisco-
no il rapporto tra verbo e complementi, anche a distanza. Le frasi
che, sfruttando queste proprietà, alterano a fini espressivi l'ordine canonico dei componenti principali si definiscono marcate.

Alcune forme di marcatezza sono più che consuete: lo scambio di posto tra soggetto e verbo per dare evidenza all'uno o
all'altro dei componenti («Il mio amico canta» enfatizza l'azione del cantare, mentre «Canta il mio amico» pone l'accento su
chi canta); e la frase passiva, che porta il complemento di una
frase non marcata in posizione iniziale («La casa è stata costru-
ita a fine Ottocento»). La forma passiva ha un vantaggio: per-
mette di non nominare l'agente; ma è relativamente poco usata
nell'italiano di oggi. Ci sono, però, altre risorse.

3.3   Dislocare

Queste risorse sono le frasi segmentate, cioè quelle frasi che
marcano la separazione tra il tema e il fuoco, e consentono di
dare risalto all'uno o all'altro. L'italiano dispone in effetti di costruzioni che evidenziano il tema (dislocazioni), e di costruzioni che evidenziano il fuoco (frasi scisse).

La dislocazione manipola la struttura nucleare della frase, e modifica la posizione dei blocchi che la compongono. La forma più diffusa è quella che sposta uno o più complementi a sinistra del verbo: anticipandone l'apparizione, si conferisce loro un risalto che, nella struttura non marcata, non avevano. Dobbiamo dunque pensare alla dislocazione come a una specializzazione informativa della frase: un modo di dire di più usando le stesse parole. Come ha fatto il testimone del Sao ke kelle terre.

Dopo di lui, sono arrivati gli scrittori. Tra loro Manzoni, che non solo ha impiegato forme di dislocazione fin dalla prima minuta del suo romanzo, il *Fermo e Lucia* («i misteri non li posso soffrire», «la bricconeria l'hanno fatta a me») ma, nel passaggio dalla prima alla seconda edizione, è spesso intervenuto a trasformare in marcate frasi che erano in origine non marcate. Eccone un esempio. Nel capitolo VI dei *Promessi sposi*, Renzo si presenta trionfante a Lucia e alla madre, annunciando di avere trovato i testimoni per il matrimonio clandestino. Ma Agnese obietta che rimane un ostacolo, Perpetua:

Ella lascerà ben entrare Tonio e suo fratello; ma voi! voi due!

Così scrive Manzoni nel 1827. Nella seconda edizione la frase diventa:

Tonio e suo fratello, li lascerà entrare; ma voi! voi due!

Il complemento oggetto viene anticipato, e quindi saldato al secondo blocco della frase con il pronome clitico *li* (la ripresa pronominale è obbligatoria quando l'elemento dislocato a sinistra è un complemento oggetto; facoltativa se si anticipano altri complementi).

Collocando in apertura il gruppo «Tonio e suo fratello» Manzoni ottiene un duplice risultato: indica con chiarezza che quello è il tema, o topic della frase, ciò di cui si parla; e potenzia il collegamento con quanto precede, perché il discorso verteva sull'idea di Renzo di assoldare come testimoni proprio Tonio e suo fratello. La dislocazione a sinistra è dunque utile per la resa di un turno dialogico e, soprattutto, è uno strumento per creare coesione all'interno dei testi.

Ancora qualche esempio manzoniano per approfondire questo secondo aspetto, che è fondamentale. Esempi che arrivano, questa volta, da un testo saggistico, il *Discorso sur alcuni punti della storia longobardica in Italia* (1822), dove l'autore sposta spesso il tema a sinistra della frase per legare più strettamente la nuova proposizione con ciò che la precede, in una catena logica che proprio dalla stretta giuntura guadagna forza comunicativa.

La ragione della moltitudine delle leggi [...] egli la trova [...].

Documenti che possano condurre alla soluzione del quesito non ne abbiamo.

Ora queste leggi [...] perché le avrebbero essi comunicate ai vinti?

La prima frase era preceduta da una riflessione sulla comprensenza, nell'Italia longobarda, di leggi romane e leggi barbariche; la seconda si inserisce in un discorso sulla penuria di documenti storici; la terza arriva dopo alcune osservazioni sulle leggi dei barbari. Tutti casi, dunque, dove l'ordine marcato anticipa il tema della nuova arcata ragionativa, potenziando al tempo stesso il legame tra ciascuna frase e la precedente. E dove l'ordine marcato rende infine monca una eventuale lettura che isoli un singolo periodo, separandolo dall'ambiente testuale in cui risiede. La dislocazione a sinistra potenzia il controllo della progressione tematica.

Dunque Manzoni, scrittore di avvertitissima sensibilità linguistica, si serve della dislocazione sia nel romanzo, spesso all'interno di discorsi diretti di personaggi popolari; sia nella prosa saggistica. Questo mostra, assieme all'utilità della costruzione, un altro aspetto da sottolineare: la dislocazione a sinistra non va considerata un modo per rendere la lingua parlata o incolta, ma invece un attrezzo che imprime determinate curvature comunicative alla frase.

Il possibile equivoco nasce dalla storia stessa dell'italiano, perché le dislocazioni furono a lungo guardate con sospetto. Il letterato cinquecentesco Ludovico Dolce, per esempio, le classificava come «vitii delle sentenze», e la tradizione grammaticale ostile alle forme marcate ha resistito a lungo, tanto che ancora oggi la frattura sintattica che caratterizza le dislocazioni dispiace a qualcuno come infrazione all'ordine di una lingua idealmente logica e legata. In realtà nelle *Prose* (1525) Pietro Bembo aveva analizzato alcuni esempi da Boccaccio e da Petrarca senza condannarli. Anzi, notando che la ripresa del pronome clitico «quanto poi all'ornamento e alla vaghezza del parlare, manifestamente vedere si può ch'ella non v'è di soverchio posta, anzi vi sta di maniera, che non poco di grazia vi s'arroge, così dicendo». Una bella frase, e un bell'arcaismo (*arrogere* è voce antica per «aggiungere») che classificano la ripresa pronominale (necessaria alla dislocazione) come ornamento dello stile. Non si può ignorare, d'altro lato, che ammettere gli interventi sull'ordine delle parole, etichettandoli però come fiori retorici, è un altro modo di limitarne il potenziale. E questo hanno fatto, dopo Bembo, altri grammatici. Per esempio Salvatore Corticelli, autore di un manuale, *Regole ed osservazioni della lingua toscana*, pubblicato nel 1745 ma ancora diffusissimo nelle scuole fin oltre la metà dell'Ottocento. Dunque Corticelli definiva errori le figure grammaticali «per cui vien turbato l'ordine naturale delle parti dell'orazione»; ma «errori fatti con ragione [e] questa ragione si è, o la maggior brevità del parlare, o un certo non so che di vaghezza e di grazia».

Fortunatamente, mentre i grammatici proibivano, gli scrittori sperimentavano, e le dislocazioni continuano a circolare nei testi di tutti i secoli, da quelli popolari a quelli di registro alto. Per esempio Machiavelli, nel *Principe*, scrive

> Ma gli stati ordinati come quello di Francia è impossibile possedergli con tanta quiete.

Nessuno stigma deve dunque resistere oggi: grammatici e scrittori finalmente concordano, ed è importante mettere a frutto, delle dislocazioni, la doppia capacità di evidenziare il tema e di creare coesione. Senza relegarle ai piani bassi della lingua, ma riconoscendo invece il loro potere comunicativo.

Accanto alla dislocazione a sinistra esistono altri spostamenti utili per imprimere alle frasi una curvatura comunicativa specializzata. Prima di tutto la dislocazione a destra. La frase «io le so tutte queste cose» (da un romanzo popolarissimo nell'Ottocento e oggi dimenticato, *Marco Visconti* di Tommaso Grossi) corrisponde a un'ipotetica forma non marcata «io so tutte queste cose». Grossi mantiene il topic, o informazione nota («queste cose»), alla destra della frase, anticipandolo però grazie al pronome clitico *le*, che si inserisce all'interno del rema. L'autore qui non la usa, ma in casi come questi è frequente la presenza di una virgola dopo il rema («io le so, tutte queste cose»), che riflette la frattura intonativa caratteristica del costrutto. Un altro esempio, che mostra come l'elemento dislocato possa essere non solo un nome, ma un'intera frase. Galileo, nel *Dialogo sopra i due massimi sistemi del mondo* scrive:

> E chi lo dicie che non si possan tirare altre linee?

Le forme di dislocazione trovano sempre più spazio nella narrativa contemporanea, come mostra questo esempio di duplicazione enfatica del soggetto posizionato a destra, dal romanzo *L'animale notturno* di Andrea Piva (2017):

> [...] rifletto sul fatto che ultimamente le ragazze appena conosciute mi svoltano più cose loro di quanto non faccia la gente che per questo si fa pagare.

3.4   *Spezzare*

Mentre le dislocazioni lavorano sui complementi, esiste una forma che consente di intervenire anche sulla posizione del soggetto. È la frase scissa, formata da una reggente copulativa priva di soggetto, seguita da una subordinata introdotta da *che*. La frase scissa realizza un movimento che anticipa il focus nella reggente, mentre alla dipendente pseudorelativa introdotta da *che* spetta il tema: «È Dio che lo vuole» è un uso enfatico del costrutto che compare nel romanzo *I carbonari della montagna* (1861) di Giovanni Verga.

Ecco alcuni esempi che provengono da testi giornalistici, saggistici o manualistici contemporanei:

> In Italia, siamo noi che rappresentiamo la scuola.

> Sarà lui che dovrà predisporre il testo di legge.

> Diciamo che è stato questo che ha provocato la ribellione.

E un esempio narrativo. Giorgio Bassani, nel racconto *Gli occhiali d'oro* (1958), fa della frase scissa l'ossatura di un periodo ampio e letterario. Una prova, se ancora servisse, della vitalità dei costrutti segmentati ben oltre i limiti della sola lingua colloquiale:

> Specie nelle sere d'inverno, quando il vento gelido si infilava fischiando da piazza Cattedrale giù per via Gorgadello, era con schietta soddisfazione che il ricco borghese, infagottato nel suo cappottone di pelliccia, prendeva a pretesto il più piccolo mal di gola per imbucare la porticina socchiusa, salire le due rampe di scale, suonare il campanello dell'uscio a vetri.

Anche nell'italiano dei secoli passati la presenza della frase scissa non è certo limitata alle scritture popolari o alla mimesi del parlato. Ecco un caso dalle *Considerazioni sulla difficoltà di ben tradurre la protasi dell'Iliade* (1807) di Vincenzo Monti:

> Quando si traduce non è più la lingua del tradotto a cui si debbono i primi riguardi, ma quella del traduttore.

Varianti della frase scissa sono infine quelle che utilizzano il cosiddetto «c'è presentativo» («C'è che mi sono innamorato di te», canta Gino Paoli) o altre formule spezzate («quand'è che l'hai usato e quand'è che l'hai interpretato» è un passaggio da *I limiti dell'interpretazione* di Umberto Eco).

3.5   *Dal francese e dall'inglese*

Dunque le varie forme di frase segmentata mettono in scena l'architettura semantica del testo ed è in questa direzione (non, ripetiamolo, per ottenere un supposto abbassamento di livello) che vanno messe a frutto anche nella traduzione.

Il francese, in questo senso lingua sorella dell'italiano, è ricchissimo di fenomeni di segmentazione, a partire dalle frasi scisse, che possono avere avuto un'influenza sulla diffusione stessa della forma in italiano. Ma, piuttosto che evitarne la riproduzione come calco sintattico, sarà opportuno valutare di volta in volta l'intensità comunicativa della costruzione francese e decidere se mantenerla in italiano. Mentre in formule cristallizzate del tipo «c'est avec grand plaisir que…» la struttura segmentata non ha valore marcato, e può benissimo non essere riprodotta, molti casi sono diversi. Eccone uno, una frase dal romanzo *Le Milieu de l'horizon* (2013), dello scrittore svizzero-francese Roland Buti:

> Certains disaient que le soleil s'était soudan rapproché de la Terre; d'autres disaient que la Terre avait changé d'axe et que c'était elle qui, au contraire, était attiré par le soleil.

Tipico esempio di frase scissa, la forma «c'était elle qui…» mostra qui con chiarezza il suo potenziale informativo perché solo in questo modo risalta il contrasto tra chi crede al movimento del sole e chi crede a quello della terra. Corretta dunque, secondo me, la traduzione di Yasmina Melaouah che ricalca produttivamente la struttura sintattica francese:

> Alcuni dicevano che il sole si era improvvisamente avvicinato alla Terra; altri dicevano che la Terra aveva cambiato asse e che era lei, invece, che veniva attratta dal Sole.

L'inglese possiede a sua volta una serie di strutture che lavorano sull'enfasi. Che è essenziale, prima di tutto, riconoscere in originale, e il cui valore va, se possibile, trasferito in italiano con i mezzi disponibili nella nuova lingua. La frase scissa esiste anche in inglese (*cleft sentence*), e andrà sempre considerata la possibilità di riprodurla. Ma esistono anche tipi di inversione che non hanno corrispondenza in italiano. Quindi, la piccola sfida sarà, rilevato un costrutto marcato, isolarne la finalità comunicativa e proporre una costruzione che garantisca l'enfasi sullo stesso componente. Nella raccolta di saggi *The Vagrant Mood* (1952) di W. Somerset Maugham compare questo passaggio:

> He thought it unreasonable that what on his side was merely the relaxation from what he regarded as his life's work on the other might be enduring passion. This he aroused. It surprised me since his physical appearance was nothing particularly pleasing. He was fat and homely.

«This he aroused»: l'inversione dell'inglese ben si presta, io credo, a una resa come quella, con dislocazione a destra, proposta da Gianni Pannofino:

Gli pareva assurdo che una semplice pausa nel compimento della missione della sua vita potesse essere, per l'altra persona, passione durevole. Ne suscitava, di passioni durevoli. E ciò era sorprendente, perché non era di aspetto particolarmente piacevole. Era grasso e bruttino.

Fermiamoci su un altro caso di inversione, questa volta in una frase davvero molto semplice, che compare in *Patrimony* (1991) di Philip Roth:

In this way did he manage to domesticate his terror.

L'elemento modale «In this way» posto in apertura di frase genera l'anticipazione dell'ausiliare rispetto al soggetto. Possibile, naturalmente, una resa che trascuri la lieve marcatezza dell'originale:

In questo modo riuscì a vincere il terrore.

Ma, vista la qualità letteraria dell'autore, sarà anche possibile tentare soluzioni che permettano di conservare la piccola enfasi che la costruzione inglese porta con sé. Una possibilità è utilizzare una dislocazione a sinistra, con l'effetto corrispondente di dare evidenza all'azione di controllare il terrore:

In questo modo, il terrore riuscì a vincerlo.

Vero è che l'enfasi risulta, forse, eccessiva rispetto alle intenzioni dell'originale. Si potrà allora ricorrere a una soluzione meno incisa, cioè marcare la separatezza tra la specificazione modale anticipata e il resto della frase con l'inserimento di una virgola (intervento piccolo, ma decisivo):

> In questo modo, riuscì a vincere il terrore.

La virgola agisce qui come un segnale di marcatezza. E questa sua capacità può tornare utile anche in altri casi. Nella traduzione dall'inglese, per esempio, per restituire l'enfasi che alcuni scrittori segnalano con l'uso del corsivo. Jonathan Franzen è uno che, i corsivi, li usa spesso. Il romanzo *The Corrections* (2001) ne ha molti, specialmente nei discorsi diretti dei personaggi. Ci sono casi in cui non si può che mantenerli anche se, forse, il loro impiego, in italiano, non è altrettanto comune. Ma in altri passaggi le forme segmentate sembrano una soluzione non solo praticabile, ma utile. Una frase come questa:

> What's *your* answer? What do you think I should look forward to?

perché non tradurla facendo di nuovo ricorso all'uso di una virgola che separa e rileva?

> Tu, cosa rispondi? Tu, cosa pensi che dovrei sperare?

Un ultimo esempio dove la frase scissa, questa volta nella sua forma più riconoscibile, è un'opzione interessante per rendere l'enfasi che il testo originale marca con l'uso del corsivo. Charles Dickens, *Bleak House* (1852-53). Jarndyce e Richard parlano di quell'imbroglione di Harold Skimpole, che riesce a farsi credere innocente come un bambino:

«Did you imply that he has children of his own, sir?» inquired Richard.
«Yes, Rick! Half-a-dozen. More! Nearer a dozen, I should think. But he has never looked after them. How could he? He wanted somebody to look after *him*. He is a child, you know!»

«He wanted somebody to look after *him*»: «Aveva bisogno di qualcuno che badasse a *lui*» è una traduzione possibile. Ma la forma «È lui che aveva bisogno di essere accudito» è probabilmente più radicata nell'uso dell'italiano, ed è dunque una scelta da considerare.

3.6   A me mi piace?

Le frasi segmentate sono, dunque, una risorsa, pienamente grammaticale e utilizzabile a quasi tutti i piani dell'italiano scritto. Ma esistono forme che chiedono un livello di attenzione più alto.

Cominciamo proprio da un'espressione comunissima, ed esecratissima: «a me mi piace». Il complemento di termine iniziale propone il tema, segue l'informazione, che riprende il complemento di termine. Il problema che suscita la quasi immancabile censura scolastica e sociale sta nella ripetizione («a me mi»): inutile, in effetti, da un punto di vista strettamente grammaticale, ma efficace nel comunicare l'enfasi sulla persona che compie l'esperienza descritta. Il meccanismo è, appunto, quello della segmentazione: la frase è spezzata in due sezioni che, in questo caso, sono imperfettamente saldate proprio per colpa della ridondanza. Dunque: un costrutto da evitare nell'italiano scritto di tipo formale; ma spesso utile, nel parlato, proprio grazie al soprappiù di espressività che porta con sé; e ammissibile, con prudenza, negli scritti di livello informale.

Da valutare con pari attenzione è poi il caso di una versione grammaticalmente allentata della dislocazione a sinistra, che prende il nome di tema sospeso, o *nominativus pendens* o, ancora, anacoluto (voce greca che significa «non conseguente»). La dinamica spiega la denominazione: un complemento viene anticipato a sinistra del verbo, ma perde la preposizione che lo accompagna. Come mostrano questi esempi:

> Non sapete che i soldati è il loro mestiere di prender le fortezze?

> Quel poverino, se non avesse avuto la disgrazia di pensare a me, non gli sarebbe accaduto ciò che gli è accaduto.

Ancora Manzoni, e ancora i *Promessi sposi*. Nel primo esempio parla don Abbondio, nel secondo Lucia. Lo scrittore dunque non esita a sfidare i limiti della correttezza, privilegiando la rapidità e la mancanza di programmazione della lingua parlata. L'anacoluto nasce infatti da un'anticipazione del tema, cui segue un'azione che è coerente dal punto di vista del significato, ma non armonizzata dal punto di vista della sintassi.

Anche l'anacoluto è una costruzione antica. Era già presente nel latino tardo: il noto «Qui habet, dabitur illi» del Vangelo di Matteo, di solito normalizzato in traduzione italiana «A chi ha, sarà dato», suonerebbe, se reso letteralmente «Chi ha, gli sarà dato». E appartiene alla storia della nostra lingua: compare in testi che simulano il parlato, come quelli di Manzoni appena analizzati, o in scritti informali come le lettere. Proprio da una lettera, quella di Machiavelli a Francesco Vettori, proviene infatti un altro celebre anacoluto della letteratura italiana:

3. Dire di più con le stesse parole

mi pasco di quel cibo, che solum è mio, e ch'io nacqui per lui.

Nella cassetta degli attrezzi del traduttore, l'anacoluto sarà quindi disponibile quando si presenti l'esigenza di rendere un linguaggio non solo agrammaticale, ma anche informale, non sorvegliato, espressivo.

✳

Un panorama sulle frasi segmentate è in Angela Ferrari, *Tipi di frase e ordine delle parole*, Carocci, Roma 2012. Oltre che da questo libro, alcuni dei miei esempi italiani provengono da: Carlo Enrico Roggia, *Le frasi scisse in italiano. Struttura informativa e funzioni discorsive*, Slatkine, Genève 2009; Enrico Testa, *Lo stile semplice. Discorso e romanzo*, Einaudi, Torino 1997; Elisabetta Mauroni, *L'ordine delle parole nei romanzi storici italiani dell'Ottocento*, LED, Milano 2006; Mariarosa Bricchi, *Grammatica del buio. Strategie testuali di Manzoni saggista*, Centro Nazionale Studi Manzoniani, Milano 2017. Le indicazioni di Bembo ebbero la ventura di radicalizzarsi e, spesso, di banalizzarsi nelle prescrizioni grammaticali dei secoli successivi. Lo mostra Giuseppe Patota in *La Quarta Corona. Pietro Bembo e la codificazione dell'italiano scritto*, il Mulino, Bologna 2017.

4. Vocabolari, senza i quali la vita perde colore

Pronto soccorso per lettori in difficoltà, i vocabolari non si limitano a spiegare significati. Informano sull'origine delle parole e la loro storia; mostrano come sono state usate dagli scrittori, e come vengono impiegate nella lingua della comunicazione quotidiana; elencano sinonimi ma, soprattutto, evidenziano le differenze tra termini solo apparentemente intercambiabili; segnalano i termini usciti dall'uso, e quelli appena nati. Per rispondere a tutte queste esigenze diverse, esistono molti tipi di vocabolari: sapere dove trovare le risposte che si cercano è uno dei modi di muoversi con agio dentro la nostra lingua.

4.1 Lessicografia, harmless drudgery

In tema di vocabolari, l'Italia vanta alcuni indiscussi primati. Primato cronologico: quello della Crusca fu il primo vocabolario di una lingua moderna realizzato secondo criteri scientifici. Primato nella densità, e varietà, di produzione, perché il secolare affollamento lessicografico ha rasentato in alcuni periodi, segnatamente l'Ottocento (altresì definito «il secolo dei vocabolari»), l'*horror vacui*. E infine, primato non certo trascurabile, quello nella litigiosità: in nessun paese i dibattiti intorno ai vocabolari sono stati lunghi, accesi e culturalmente importanti come in Italia, da inizio Seicento fino alle soglie del Novecento. Il dottor Johnson, nel suo grande dizionario inglese, alla voce *lessicografo*, dava la definizione «un mestierante inoffensivo» (*a harmless drudge*): nulla di meno imbelle, per contro, dei lessicografi di casa nostra, impegnati *ab originis* a distinguere tra uso e buon uso della lingua, tra ben parlanti e mal parlanti, tra norma e trasgressione.

Un lavoro secolare, quello lessicografico, che continua (meno bellicosamente) anche oggi, e che ha dotato l'italiano di eccellenti vocabolari. Vocabolari, appunto, al plurale. Anni fa Giovanni Nencioni ha analizzato alcuni tra gli usi principali del vocabolario, secondo un percorso in crescendo di specializzazione: il vocabolario come ausilio alla decifrazione di parole difficili o ambigue; come repertorio di esempi d'autore; come mappa del linguaggio letterario; come definizione di un canone; infine, il vocabolario come fonte di lingua per gli scrittori, deposito, per chi lo ha saputo o lo saprà usare, di spunti e di temi.

Il primo uso è il più immediato e, insieme alla verifica di dubbi grammaticali (ortografia, pronuncia, morfologia), è esperienza consueta di molti parlanti. L'ultimo è il meno afferrabile

e, forse, il più fascinoso. Tra i tanti scrittori che, in fase elabo-
rativa, si sono abbandonati alle seduzioni del vocabolario c'è
Giorgio Manganelli. Posseduto, nel suo primo libro, *Hilarotragoedia* (1964), dalla libidine di impilare nomi, verbi, aggettivi
in serie anche lunghissime, Manganelli, aveva sperimentato il
gusto del cumulo in un quadernetto di appunti preparatori. Lì
raccoglieva elenchi di parole attinte da due dizionari che particolarmente amava, quello dei sinonimi di Tommaseo (→ 4.5) e il
Premoli (→ 4.7). La serie *afferrare, ghermire, carpire, artigliare,
abbrancicare*, per esempio, viene dal Tommaseo che, alla voce
«pigliare» propone, in sequenza, *artigliare, ghermire* e *afferrare*.
Scelte di parole, ma anche ritmo martellante dell'enumerazione
che, dal quaderno di appunti, passano nelle coppie, nei tricola,
nelle serie che sono così tipici di *Hilarotragoedia*.

Dal pronto soccorso all'ispirazione: date esigenze tanto disparate, non esiste un dizionario che sia in grado di soddisfarle
tutte. Esistono invece tipi diversi di vocabolari che rispondono
ciascuno a una determinata classe di domande. Ecco perché è
importante riconoscere i propri bisogni, e sapere quindi a quale dizionario rivolgersi. Dei traduttori, Manganelli scriveva che
dovrebbero avere «la macchina da scrivere oliata, tanta carta,
squisitezza di stile e buoni vocabolari sottomano». Ammoder-
nati gli strumenti, la raccomandazione vale per loro, e per tutti quelli che scrivono in italiano.

4.2   La vita delle parole

Una delle scelte che definiscono un vocabolario è il modo di af-
frontare i momenti estremi del ciclo vitale delle parole, la nascita e la morte. Questi limiti si realizzano nelle due categorie di

neologismo, o parola nuova, che fa la sua prima apparizione in una lingua in un determinato momento della storia; e *arcaismo*, o parola vecchia (per etichettarla Manganelli ha coniato un neologismo: *veterologismo*), scomparsa o poco usata.

Le parole hanno una data di nascita, che coincide con la loro prima attestazione scritta. Meglio: con la prima attestazione scritta di cui si abbia notizia. I dizionari di oggi registrano per ogni termine etimologia e datazione. Ma questa data, più di altre informazioni, è sottoposta a continue verifiche, perché è sempre possibile ritrovare un documento che consenta di collocare l'apparizione di un vocabolo in epoca precedente a quella già acquisita. Le cosiddette retrodatazioni sono, per i lessicografi, una vera e propria caccia al tesoro: la *Presentazione* dell'edizione 2008 dello Zingarelli, uno dei più diffusi dizionari contemporanei dell'uso, dichiarava per esempio: «Nello Zingarelli 2008 ci sono oltre 4600 nuove datazioni o retrodatazioni».

La questione è più complicata quando si tratta non di nascita, ma di morte. I vocaboli, una volta entrati in circolazione, crescono, si consolidano, talvolta invecchiano e muoiono. È vero che molti termini della nostra lingua, anche quelli di uso comunissimo, sono attestati fin dai primi secoli e sopravvivono oggi in piena salute. Ma altri, lentamente, sbiadiscono: vengono impiegati sempre meno, fino a sparire dalle consuetudini del parlato o dello scritto. Però l'uscita di scena non avviene in un momento preciso e documentabile, come la nascita: non è un punto, è un processo, che si dispiega in tempi lunghi. Definiamo comunque arcaiche le parole titolari di attestazioni fino a una certa data, e in seguito non più documentate.

C'è infine un'altra caratteristica, che accomuna le parole agli eroi delle soap opera e dei fumetti: la loro capacità di rinascere. Accade, cioè, che vocaboli a lungo disusati riemergano. Un fenomeno ben noto anche agli antichi, e descritto in tre versi dell'*Ars poetica* di Orazio molto cari ai lessicografi:

> Multa renascentur, quae iam cecidere, cadentque,
> Quae nunc sunt in honore vocabula, si volet usus,
> Quem pene arbitrum est, ius, norma loquendi.

> [Molti vocaboli che erano già morti rinasceranno, e molti ora amati moriranno, se così vuole l'uso, arbitro, regola e guida del parlare.]

Signore di morti e rinascite è, come dice Orazio, l'uso. Non solo quello parlato, ma anche quello scritto. Le parole italiane resuscitavano, in passato, soprattutto per via letteraria, grazie alla passione antiquaria degli autori. Antonio Cesari nella sua *Dissertazione sopra lo stato presente della lingua italiana* (1808) diceva:

> Le voci antiche possono, sotto la penna d'un ben formato scrittore, ben incastrate, perder la ruggine, e far bella vista, e per questa via rimettersi in corso.

Cesari, il campione del purismo ottocentesco, difendeva in realtà la sua idea che i vocabolari andassero stipati di quelle che già a molti contemporanei parevano inservibili anticaglie.

Ma le parole rinascono anche sulla spinta di acquisizioni culturali. Tullio De Mauro ha spiegato il fenomeno con un esempio: *abderitismo*. Non certo una parola a cui pensiamo tutti i giorni, ma protagonista di una piccola avventura lessicografica. *Abderitismo* è un termine della filosofia kantiana, e si riferisce a una concezione della storia come priva di direzione e di senso. Il vocabolo, estraneo a qualunque uso non tecnico-specialistico, e non registrato da vocabolari precedenti, era stato escluso anche dal *Grande dizionario italiano dell'uso* redatto dallo stesso De Mauro, che registrava invece l'aggettivo *abderita* (nel senso di abitante dell'antica città tracia di Abdera e, per antonomasia, stupido, sciocco). Una parola assente dai vocabolari è, per definizione, una parola morta, o vitale solo in ambiti ristrettissimi. Ma qui arriva un colpo di scena: *abderitismo* è stato successivamente inserito tra le parole nuove registrate nel supplemento *Nuove parole italiane dell'uso*, aggiunto a integrazione del *Dizionario* nel 2003. Ed ecco la ragione: era nel frattempo apparsa una nuova traduzione degli scritti politici ed etici di Kant, che aveva suscitato interesse e dibattiti, anche a livello giornalistico. Propiziando dunque una nuova circolazione, o rinascita, della parola anche al di fuori dell'ambito accademico e specialistico. Al punto che il successivo supplemento, *Nuove parole italiane dell'uso II*, datato al 2007, introduce anche la variante aggettivale *abderitico*.

4.3   I dizionari storici, biblioteche di domani

Il più antico vocabolario di una lingua moderna fondato su teorie lessicografiche scientifiche fu dunque quello dedicato all'italiano: il Vocabolario della Crusca, pubblicato a Venezia nel 1612. La primogenitura cronologica è netta: il vocabolario dell'Académie Française è del 1694; il *Diccionario de la lengua castellana* della Real Academia Española fu pubblicato tra il 1726 e il 1739; quello inglese del dottor Johnson nel 1755. E via di seguito.

La Crusca ha una caratteristica destinata a incidere profondamente sulla storia della lingua italiana per i secoli a venire: in adeguamento alle teorie linguistiche formulate da Pietro

Bembo quasi cent'anni prima, il vocabolario accoglie parole che provengono non dalla lingua parlata, ma soltanto da fonti letterarie; e seleziona queste fonti secondo il criterio della toscanità e dell'antichità degli autori. Anzi, l'impostazione di Bembo fu integrata con le idee dell'accademico Leonardo Salviati, vero ispiratore e promotore dell'opera (anche se il lavoro venne avviato solo dopo la sua morte), cui si deve la scelta di includere, accanto agli scrittori sommi del Trecento, anche gli autori minori, i volgarizzamenti, le scritture devote. Pochi gli autori post-trecenteschi, e soprattutto fiorentini come Machiavelli, o fiorentinizzati, come Ariosto.

Insomma, il Vocabolario della Crusca non nasce per fotografare la lingua esistente, ma per prescrivere un uso linguistico agli scrittori, selezionando per loro le parole di cui era opportuno servirsi. Un confronto servirà a chiarire il peso della scelta. La *Préface* alla prima edizione del *Dictionnaire* dell'Académie Française dichiara che il dizionario stesso è stato realizzato e appare «dans le siècle le plus florissant de la Langue Française». Al contrario, la Crusca isola come oggetto di attenzione la sola lingua letteraria, e ne fissa la perfezione non al presente, come gli accademici francesi, ma in un passato lontano e, per definizione, ineguagliabile: la lingua è al tempo stesso un patrimonio e una meta; non è un dato, ma una prescrizione; non è godimento di un possesso, ma percorso di acquisizione. Su questa tensione la storia linguistica italiana prende forma, misurandosi nei secoli con un oggetto dai confini mobili, insieme concreto e virtuale. E da qui deriva la tendenza antiquaria e letteraria che caratterizza molta parte della poesia e della prosa italiane nei secoli a venire.

La Crusca ebbe quattro nuove edizioni: la seconda nel 1623; la terza nel 1691; la quarta nel 1729-38; la quinta, interrotta alla lettera O (voce *ozono*), tra il 1863 e il 1923. A partire dalla terza edizione si introducono alcuni cambiamenti: entrano nel vocabolario anche voci, prima escluse, del linguaggio scientifico, della terminologia tecnica delle arti e dei mestieri, e un gruppo di espressioni dell'uso vivo, mentre il corpus arriva a coprire anche scrittori cinque-seicenteschi. L'ultima impressione, incompiuta, include, finalmente, anche autori del presente. Nonostante queste progressive aperture la Crusca rimane un baluardo del conservatorismo linguistico, e il modello di un dizionario che registra l'uso degli scrittori – e degli scrittori dei primi secoli – piuttosto che quello del parlato vivente. Questo è dunque un dizionario storico: un repertorio di parole canonizzate, già autorevolmente usate dagli autori del passato e offerte a quelli del presente nella convinzione che solo i termini forniti di un blasone letterario possano essere letterariamente produttivi.

Tramontata, nel Novecento, l'idea che la lingua letteraria debba fondarsi sull'imitazione di modelli ideali e lontani, il dizionario storico resta una biblioteca, che attinge al passato e si proietta su un possibile futuro. Fondamentale, oggi come ieri, per ripercorrere il cammino delle parole attraverso la tradizione letteraria: chi ha usato, nei secoli, una parola e – non meno importante – come l'ha usata. Gli esempi d'autore sono, di solito, più belli e più inattesi, meglio capaci di suggerire accostamenti, cortocircuiti, idee.

In questo senso, altri due vocabolari storici sono ancora strumenti essenziali per scrivere in italiano. Il primo è il Tommaseo-Bellini, pubblicato a Torino tra il 1865 e il 1879: un libro, scriveva ancora Manganelli, «senza il quale la vita perde colore». Il vocabolario fu realizzato, sotto la direzione di Niccolò Tommaseo, da un gruppo di collaboratori, tra i quali Bernardo Bellini. La presenza di Tommaseo, preponderante fino all'anno della morte (1874), è la vera firma dell'opera: le sue definizioni, siglate con la lettera T, sono riconoscibili non solo per la sensibilità linguistica, ma perché grondano di umori personali, polemiche, aneddoti. Un esempio? Al lemma *selezione* Tommaseo scrive:

> Voce con cui gli scienziati della bestialità e del pantano, per negare la libertà umana, la affermano consentendola a tutte le cose. Dicono che l'uomo e ogni cosa si venne creando per selezione da sé; ma non spiegano come cotesta affinità elettiva si concilii colla necessità ch'e vorrebbero universale tiranna.

L'*Origine delle specie* di Darwin era stato pubblicato una decina d'anni prima e, evidentemente, il lessicografo non l'aveva apprezzato. Ancora, al lemma *federale*, Tommaseo propone l'esempio: «Kiel porto prussiano o federale». E commenta:

> Se nel fare prussiano quel che era federale, il conte di Bismark [*sic*] abbia confermato l'etimologia di *foedus* da *fides*, lo dicano i dotti tedeschi.

In questo caso il riferimento è alla battaglia di Sadowa (1866), dove la Prussia di Bismarck aveva trionfato sull'Austria. Suggestioni non solo curiose, ma capaci di evidenziare la patina di colore che un momento storico determinato poteva attribuire a una parola.

Inserire nei dizionari opinioni e commenti è un'abitudine che pare, oggi, lontanissima. Ma era invece comune a molti lessicografi del passato. Accanto a Tommaseo, val la pena di ricordare il dottor Johnson. Facciamolo con due definizioni:

Oats: A grain which in England is generally given to horses, but in Scotland supports the people.

Patron: One who countenances, supports or protects. Commonly, a wretch who supports with insolence, and is paid by flattery.

Ma torniamo al Tommaseo-Bellini. Nel dizionario convivono lingua della tradizione, raggiunta attraverso schedature di opere, sia letterarie che tecnico-scientifiche, fino all'Ottocento, e lingua dell'uso toscano-fiorentino coevo. I termini fuori dall'uso sono accolti in quanto parte del patrimonio linguistico nazionale, e perché anche Tommaseo sa che le parole addormentate possono risorgere: «Si può dire [...] che un vocabolo è disusato; ma non si può dire che sarà disusato in perpetuo». Stabilito che il vocabolario deve assumere un ruolo di guida per gli utenti della lingua italiana, il problema di distinguere le parole vive dalle morte viene risolto attraverso il contrassegno di una croce riservato ai termini fuori dall'uso, ma anche con i frequenti commenti sul registro delle parole e sul loro impiego, carattere distintivo di questo dizionario.

Il dizionario storico più recente, pubblicato tra il 1961 e il 2002, è il *Grande dizionario della lingua italiana*, spesso indicato con la sigla GDLI o, semplicemente come il Battaglia, dal nome del curatore, Salvatore Battaglia, sostituito a partire dal 1971 da Giorgio Bàrberi Squarotti. I 21 volumi (cui si aggiunge un *Supplemento*, pubblicato nel 2004, diretto da Edoardo Sanguineti) nascono come revisione del Tommaseo-Bellini, sono quindi fondati su spogli della lingua letteraria di tutti i secoli, con una particolare attenzione al Novecento. Ma il progetto si è ampliato in corso d'opera, e i volumi più tardi sono più ricchi dei primi. Nonostante la dominante letteraria, il vocabolario si è gradualmente aperto a linguaggi giornalistici, scientifici e d'attualità. Chi cerca esempi da scrittori, o da scritture di qualità, ricorrerà dunque sia al Tommaseo-Bellini sia al Battaglia per quelli fino a metà Ottocento; al solo Battaglia per quelli di fine Ottocento e del Novecento.

4.4   La potenza dell'uso

A seguito della Crusca, si sviluppa in Italia una tradizione lessicografica fiorente, sempre in dialogo, ora accondiscendente ora polemico, con il grande modello. Il problema resta, per secoli, quello del rapporto tra tradizione letteraria e lingua viva; tra le parole del passato e quelle dell'uso. Vincenzo Monti aveva accusato i lessicografi di «sostituire il Vocabolario de' morti a quello de' vivi». E l'area metaforica morte/vita ben si adatta a esprimere il disagio di fronte all'orientamento bifronte dei dizionari ancora negli ultimi decenni dell'Ottocento, se Carlo Dossi elabora un'immagine analoga, definendo il dizionario «un cimitero in dì di festa – confusione di vivi e di morti».

In effetti i dizionari hanno una doppia finalità, addirittura si orientano verso due categorie di pubblico: chi legge gli autori antichi; e chi scrive testi destinati alla diffusione nel presente. Nel secolo XIX si acuisce la percezione di questa duplicità. E tocca a Manzoni impostare il problema su nuove basi. Nella relazione *Dell'unità della lingua e dei mezzi di diffonderla* (1868) lo scrittore spiega che lo scopo di un vocabolario si biforca in due direzioni ben distinte: da una parte «somministrare il mezzo d'intendere gli scrittori di tutti i tempi», dall'altra «rappresentarne [di una lingua viva], per quanto è possibile, l'uso attuale»: le due finalità sono tanto diverse che ciascuna di esse

> basta per un lavoro separato, anzi lo richiede tale, non c'essendo un perché d'unire e d'intralciare materialmente delle cose che, per ragione, sono distinte. Un vocabolario destinato a propagare in una nazione intera l'uso d'una lingua, deve servire a un numero molto maggiore di persone, che non siano quelle che mirino all'altro intento. A questo, del rimanente, potrà provvedere un vocabolario apposito.

L'opera nata per diretta filiazione dalle teorie manzoniane è il *Novo vocabolario della lingua italiana* curato tra gli altri da Giovan Battista Giorgini ed Emilio Broglio e pubblicato tra il 1870 e il 1897. Un vocabolario che trascura la tradizione letteraria e raccoglie parole dell'uso vivo fiorentino, con esempi prelevati non dagli scrittori, ma dal parlato.

Da queste premesse discendono altri vocabolari di fine secolo dedicati alla lingua contemporanea, e gli stessi vocabolari dell'uso diffusi oggi. Il più ampio tra quelli contemporanei è il *Grande dizionario italiano dell'uso* (o GRADIT) di Tullio De Mauro: 6 volumi, pubblicati nel 2000, e due volumi di aggiornamento, usciti rispettivamente nel 2003 e nel 2007. Il GRADIT, che contiene circa 316 000 lemmi, è il dizionario italiano più ricco di parole. Molto ampio è anche il *Vocabolario della lingua italiana* (o VOLIT) di Aldo Duro: 4 volumi in 5 tomi, pubblicati tra il 1986 e il 1997.

Accanto al GRADIT e al VOLIT, ci sono diversi dizionari in un solo volume, che raccolgono un numero di lemmi compreso tra 100 000 e 140 000. Ne cito quattro: il Sabatini-Coletti (*Dizionario della lingua italiana*, noto con l'acronimo DISC); il

Devoto-Oli (*Il dizionario della lingua italiana*, curato da Luca Serianni e Maurizio Trifone); il *Grande dizionario* Garzanti, diretto da Giuseppe Patota; lo Zingarelli (*Vocabolario della lingua italiana* della casa editrice Zanichelli, che nel 2017 ha compiuto cent'anni di vita, e che ha la caratteristica di proporre ogni anno una ristampa aggiornata).

Questi indispensabili oggetti da scrivania offrono, accanto a definizione, classificazione grammaticale ed etimologia, una serie ampia e sofisticata di informazioni, ed è bene vederne in dettaglio almeno alcune.

Mentre il solo Sabatini-Coletti propone una descrizione delle voci verbali basata sul concetto di valenza (→ 2.2), tutti i vocabolari danno ricche indicazioni grammaticali: per esempio il Devoto-Oli segnala sistematicamente le reggenze sintattiche, lo Zingarelli e il Garzanti contengono numerose *Note d'uso* per la soluzione di problemi grammaticali.

I vocabolari contemporanei si aggiornano inoltre includendo in ogni edizione parole nuove, selezionate tra le molte che appaiono ogni giorno in base alla loro probabilità di stabilizzarsi ed entrare a pieno titolo nella lingua del futuro vicino.

Due aspetti di particolare rilievo sono poi l'attenzione alla frequenza e disponibilità delle parole, e alle marche d'uso. In ogni lingua esistono differenze significative nella frequenza di apparizione delle parole. I nostri discorsi quotidiani, o i più semplici dei testi scritti, sono fatti, all'80%, di poche centinaia di parole ad altissima frequenza. Diverso è il caso delle parole definite ad alta disponibilità, cioè quelle che si ritengono conosciute e comprese da un parlante italiano di media cultura, e quindi più disponibili per testi di informazione e divulgazione. Frequenza e disponibilità non coincidono. Ci sono parole ad alta disponibilità, cioè note a una percentuale di parlanti superiore al 98%, che hanno valori di frequenza bassissimi, per esempio *canguro, canarino, diciotto, forchetta, giraffa, gomito, ricotta*. Ebbene, i dizionari dell'uso di oggi segnalano le parole ad alta disponibilità (il Sabatini-Coletti con un fondino rosso; il Devoto-Oli in corsivo nero; il Garzanti in azzurro; lo Zingarelli con un segno a forma di rombo che precede la parola).

I vocabolari, ormai da secoli ma oggi con particolare attenzione, offrono anche indicazioni sul registro dei termini, le cosiddette marche d'uso. Tra le sigle più utilizzate ci sono ant. (antico); lett. (letterario); region. (regionale); dial. (dialettale); volg. (volgare). Sotto questo aspetto, la classificazione più puntuale è quella applicata da De Mauro nel GRADIT. Si riportano qui le 11 sigle: FO (fondamentale); AU (alto uso); AD (alta disponibilità); CO (comune); TS (tecnico-specialistico); LE (letterario); RE (regionale); D (dialettale); ES (esotismo); BU (basso uso); OB (obsoleto). Le marche che compaiono nella seconda parte di questo elenco guidano a riconoscere, e dunque a impiegare con consapevolezza, termini specializzati in direzione antica e letteraria, o tecnico-scientifica, o locale o, ancora, straniera. L'insieme delle parole fondamentali, di alto uso e di alta disponibilità costituisce invece il vocabolario di base dell'italiano, cioè quell'insieme di voci che chi utilizza la lingua per scopi comunicativi (ivi inclusi i traduttori di testi di divulgazione) può decidere di preferire per garantire un ampio livello di comprensibilità. E che è dunque bene essere guidati a riconoscere.

Proprio il ricorso al vocabolario di base è stato all'origine di un'avventura editoriale significativa, che è utile ricordare qui proprio per il suo essere scaturita da riflessioni linguistiche: la collana dei Libri di base, pubblicata presso gli Editori Riuniti, sotto la direzione dello stesso Tullio De Mauro, tra il 1979 e il 1989. Tutto ebbe inizio dalla constatazione che molta della saggistica normalmente pubblicata era resa oscura da un gergo intellettuale che ne limitava la circolazione. I Libri di base furono invece progettati per trattare temi anche complessi in un numero di pagine limitato, con una sintassi semplice e, soprattutto, utilizzando esclusivamente parole del vocabolario di base, o spiegando quelle che se ne discostavano. L'impostazione del progetto era così forte che agli autori veniva fornita una lista di vocaboli alla quale era vincolante attenersi. Vocaboli, postilliamo, che ora sarebbero in parte diversi rispetto a tre o quattro decenni fa, perché in particolare le parole ad alta disponibilità sono un insieme molto mobile, legato ai mutamenti culturali e psicologici dei parlanti. Resta comunque la chiara indicazione di come i diversi strati del lessico possano essere diversamente messi a frutto a seconda delle diverse esigenze comunicative. Un testo che miri a un massimo di circolazione, ma anche la prosa volutamente scarna di autori che privilegiano la monocromia alla policromia lessicale si avvantaggeranno delle indicazioni vocabolaristiche sul lessico di base; mentre al ventaglio dei registri e delle varietà si farà ricorso per le diverse esigenze di testi letterari dalla stratificazione linguistica complessa.

Un altro tema, al quale i vocabolari dell'uso di oggi dedicano particolare attenzione, è la registrazione delle polirematiche, cioè le unità composte da più termini, graficamente separati ma inscindibili per raggiungere un determinato significato, diverso dalla somma dei singoli componenti (per esempio *vigile urbano*, *sala d'attesa*, *cavallo di battaglia*). Le polirematiche sono riconoscibili da alcune caratteristiche: sono insiemi di parole che contano come una parola sola; sono forme cristallizzate, che tendono a non ammettere variazioni, né di tipo lessicale (*vigile cittadino* in alternativa a *vigile urbano*, semplicemente, non si dice), né nell'ordine dei costituenti (dove è di solito il secondo

elemento che specifica il primo); né tollerano di essere spezzate dall'inserimento di altri elementi (*ampia sala d'attesa* è possibile, ma non lo è *sala ampia d'attesa*). I vocabolari registrano
di solito la polirematica entro le voci dedicate ai lemmi semplici che le compongono, con eventuale rinvio dall'uno all'altro
per la definizione; mentre sono lemmatizzate le unità composte
che, appartenendo a un'altra lingua, non hanno a lemma uno
dei costituenti (per esempio *mailbox*).

4.5 I sinonimi, che non esistono

Anno 1732. Esce a Venezia il primo dizionario italiano dei sinonimi: *Sinonimi ed aggiunti italiani* di Carlo Costanzo Rabbi.
L'autore crede nell'utilità retorica dei sinonimi, indispensabili
alla bellezza del periodare:

> spesso ci gioviamo de' sinonimi per vaghezza. Vaghezza cioè di
> rendere sonoro il periodo [...]; di recare diletto colla copia del-
> le voci diverse, di appagare un certo, dirò così, musico natura-
> le talento, che piega e muove, anzi sforza lo Scrittore a cercare,
> a volere, ed indurre ne' suoi componimenti oratorj numero ar-
> monioso, qual d'un genere, qual d'un altro.

Una concezione destinata a breve fortuna. Già nel corso del Settecento la linguistica francese teorizza infatti il valore dei sinonimi come mezzo per riconoscere l'uso proprio della parola,
quella *justesse* capace di scongiurare sovrapposizioni e confu-
sioni. A questo principio anche i lessicografi italiani ben presto
si conformano. Una volta acquisito che ragionare sui sinonimi
non serve a favorire l'intercambiabilità tra vocaboli affini, ma a

valutare quello che li distingue, appare chiaro che l'imperativo retorico di variare le parole porta con sé rischi e limiti. Troppi letterati, secondo Giovanni Romani, autore di un *Dizionario generale de' sinonimi italiani* pubblicato nel 1825-27,

> unicamente premurosi dell'armonia e della rotondità de' loro periodi, impiegavano per lo più come sinonimi tali vocaboli [sinonimi imprecisi] poco o nulla curando le accessorie nozioni che li distinguevano; per cui riuscendo i loro discorsi o troppo involuti o troppo ampollosi, non permettevano sempre di ravvisare in essi limpida la verità de' concetti loro.

La sfortuna dei sinonimi tocca il suo culmine con l'antipatia venata di ossessione che per loro manifesta Manzoni, convinto che l'abbondanza di vocaboli sia un male della lingua:

> questa facoltà di scegliere è appunto la nostra miseria: è la conseguenza del non avere, come la facoltà di congetturare è la conseguenza del non sapere. Ci sono bensì di quelli che chiamano libertà il non avere un vocabolo certo, esclusivamente proprio, e quindi obbligatorio per significare una cosa; e chiamano ricchezza l'essercene vari, più o meno probabili.

L'italiano, appunto, è sempre stato una lingua ricca e sprecona, portata alla dissipazione lessicale. Caratterizzata dall'abbondanza sia di doppioni, o forme grafiche diverse della stessa parola (le alternanze del tipo *capelli* e *capegli* erano ancora vitalissime al tempo di Manzoni), sia di cosiddetti sinonimi. A fine Ottocento Luigi Morandi, autore di una fortunata antologia scolastica, raccoglie per esempio 267 sinonimi del verbo morire (c'è di tutto, da «andare a ingrassare i cavoli» a «cedere al fato», fino al fiorentinismo «andare a babboriveggoli»). Di fronte a una profusione che, incontrollata, sfuma nella miseria, la salvezza sta nel distinguere: Morandi suddivide i suoi sinonimi in tre grandi famiglie, *nobili*, *familiari* e *scherzevoli*; e dettaglia, per ogni singola espressione, origine, registro, fonti.

La buona lingua non è dunque quella che moltiplica i significanti per esprimere lo stesso concetto, ma quella che separa e sceglie. Lo sanno bene gli scrittori. Gadda, prima di tutti, che fa sì professione di ingordigia, ma non dimentica che l'abbondanza si ordina in gradazioni, accezioni, sfumature:

> I doppioni li voglio, tutti, per mania di possesso e per cupidigia di ricchezze: e voglio anche i triploni, e i quadruploni, sebbene il Re Cattolico non li abbia ancora monetati: e tutti i sinonimi usati nelle loro varie accezioni e sfumature, d'uso corrente o d'uso rarissimo.

O, più quietamente, Giuseppe Pontiggia:

> Tra abitazione, casa, domicilio, dimora, appartamento, residenza ci sono differenze significative non solo di reddito, ma di educazione, di ambiente, di cultura.

Variare, insomma, non è mai innocente. Al contrario, è una presa di posizione, talvolta non solo linguistica, ma ideologica. Come mostra un'avventura di cui è protagonista non Manzoni stesso, ma i suoi traduttori ottocenteschi in inglese. Nel capitolo XVI dei *Promessi sposi*, gli oziosi riuniti all'osteria di Gorgonzola parlano degli eventi di Milano definendoli una *sollevazione*. Ebbene, nelle sei versioni pubblicate in Inghilterra e in America entro il 1845, il vocabolo che traduce *sollevazione* è ora *se-*

dition, ora *insurrection*. Mentre nessuno dei traduttori ricorre alla forma, etimologicamente parallela all'italiano e analogamente neutrale, *uprising*. Un caso esemplare di antisinonimia: *sedition, insurrection* e *uprising* non sono equivalenti; e privilegiare i primi due a danno del terzo implica un'opinione, svela tendenze ideologiche venate di conservatorismo.

Guidare a cogliere le differenze è dunque il vero obiettivo dei dizionari dei sinonimi. Il più importante strumento ottocentesco che mette in pratica questo scopo è il *Dizionario dei sinonimi* di Niccolò Tommaseo, pubblicato in prima edizione nel 1830, oggetto di molte ristampe e ancora oggi indispensabile.

Convinto che «sinattanto che due idee si potranno significare con due promiscui vocaboli entrambe, s'avrà sempre un linguaggio pieno d'equivoci, d'errori, di discordie», Tommaseo lavora per scoraggiare l'uso dei sinonimi e lo fa con ricchezza forse mai più raggiunta, schierando sapienza lessicografica, aneddoti, divagazioni. Ecco un esempio, tra i più celebri, di quelli che sono stati definiti piccoli saggi semantici. Il lemma è *Rivoluzione, rivolta*:

Quando Luigi xvi udì novella che il popolo di Parigi correva armato alla Bastiglia, voltatosi al duca di La Rochefoucault [*sic*]: Ma questa, disse, è una *rivolta*. Ed ebbe risposta: No, Sire, ell'è una *rivoluzione*. Quel povero duca era un sinonimista tremendo. La rivolta scoppia a un tratto; per cause anco lievi, e a un tratto cade; i soldati la comprimono e il boja la strangola. Ma d'una rivoluzione, profonde sono le cause, il corso lungo, irresistibile; niun uomo si vanti d'averla promossa, niuno presuma a voglia sua dominarla. La rivolta segue un capo; la rivoluzione un'idea. La vita de' popoli, dopo trascorsa una rivoluzione, non è più quella di prima.

Un altro esempio, con una parola comune, *malato*. Un dizionario dell'uso proporrà, tra i sinonimi, *infermo* e *ammalato*. Parole (attenzione!) che non sono intercambiabili. Come mostrano
alcune tra le distinzioni proposte da Tommaseo:

> La malattia può essere più forte, più lunga l'infermità. Un vec-
> chio, un tisico giacciono infermi per anni e anni, una malat-
> tia porta via in pochi giorni un uomo robustissimo. Diciamo:
> forte malattia, non: forte infermità. L'ammalato per solito è co-
> stretto a mettersi a letto; l'infermo può anche uscire di casa.
> [...]
> Malato, che ha una malattia, e ne prova continui o frequenti
> gli effetti. [...] L'infermità è de' corpi mal costruiti o guasti, che
> non hanno il natural vigore, non hanno il libero uso di qualche
> funzione. Uno può essere infermo e non malato, quando ma-
> le presente non c'è, ma la lassezza degli organi è tale da cagio-
> narlo facilmente e da fomentarlo.

Altri dizionari dei sinonimi sono seguiti. Ma non tutti sono
ugualmente utili: quelli che, per ogni lemma, propongono una
semplice lista di parole, senza distinzioni e senza informazioni, servono come aiuto rapido per recuperare una variante di-
menticata. Non rispondono però al requisito determinante di
guidare alla precisione nella scelta.

Citerò un solo, ottimo, dizionario contemporaneo, che risponde a questa esigenza, i *Sinonimi e contrari* diretto da Raffaele Simone per l'Istituto della Enciclopedia Italiana. Qui i
sinonimi sono suddivisi a seconda dei diversi significati del lemma; si segnala graficamente il cosiddetto sinonimo «tipico», cioè
l'alternativa più comune; e molti termini sono accompagnati
dall'indicazione del loro ambito d'uso. L'importanza di queste

informazioni si vede bene da un esempio che l'autore stesso utilizza nella sua prefazione: il lemma *cedere*, nel significato di «farsi indietro, cessare di opporre resistenza». Il sinonimo tipico è *arrendersi*, mentre altre varianti sono *capitolare*, *mollare* e *piegarsi*. Il secondo verbo proposto, *mollare*, è classificato come fam. (familiare): il lettore è dunque avvertito che, a limitare la sinonimia, interviene in questo caso una distinzione di registro.

Un esempio per i traduttori? Eccolo. L'espressione inglese *goose-flesh* compare nel *Dizionario Inglese-Italiano* Sansoni con la traduzione italiana *pelle d'oca*, senza ulteriori indicazioni. Se ricorriamo all'*Oxford English Dictionary*, la definizione «A rough, pimply condition of the skin, resembling that of a plucked goose, produced by cold, fear, etc.» è seguita, senza commenti, dall'alternativa *horripilation*. Fedele alla missione di distinguere piuttosto che moltiplicare, il dizionario dei *Sinonimi e contrari* di Raffaele Simone affianca al lemma *pelle d'oca* la variante *orripilazione*, marcandola però come termine tecnico di ambito medico. L'espressione *avere la pelle d'oca* è a sua volta seguita da un sinonimo comune, o tipico, *rabbrividire*, e dalle alternative *raggelare* e *aggricciarsi*, la seconda indicata come letteraria. Al traduttore, così avvertito, la libertà di scegliere a seconda delle sue esigenze.

I sinonimi, insomma, non esistono. Ma i dizionari dei sinonimi sì, e sono indispensabili.

4.6   *Una lingua coperta tutta di germogli*

Inventare le parole è un'avventura disponibile per tutti. Lo fanno, senza rendersene conto, i bambini; e gli adulti quando imparano una lingua nuova. Lo fanno, consapevolmente, quelli

che sanno sfruttare «il senso del nonsenso» (così lo chiamava Alfonso Gatto). Gianni Rodari, per esempio che, creando lo
scannone per disfare la guerra, volava dal prefisso all'utopia. Lo
fanno gli scrittori e tra loro, come nessun'altro, Beppe Fenoglio:
le pagine del suo romanzo incompiuto, *Il partigiano Johnny*,
brillano di parole formate, o deformate, grazie a un uso nuo-
vissimo dei suffissi, che accendono la pagina di strani baglio-
ri: *autunnalità, scatenatezza, penombrato…* Parole inquiete ed
estreme; incantatrici, nella loro strana suggestione. Parole che,
sui dizionari, non si trovano.

I dizionari dell'uso, abbiamo visto, registrano a ogni edizione un numero selezionato di neologismi. Sceglierli è, per i
compilatori, un esercizio di sensibilità linguistica, e una scommessa. Ha detto Mario Cannella, lessicografo dello Zingarelli,
l'unico dizionario italiano che, dal 1993, propone un'edizione
aggiornata ogni anno: «Bisogna riuscire a captare quali parole
stanno prendendo piede, e tenerle sotto osservazione. Lo studio
può durare anche qualche anno prima di accettarle nel dizionario. Bisogna accertarsi che non siano fenomeni passeggeri, bol-
le destinate a sgonfiarsi». E sì, perché i neologismi invecchiano
presto. O, semplicemente, non attecchiscono. Una preoccupa-
zione, questa, che non coinvolge i compilatori di un altro tipo
di raccolte: i dizionari e repertori dedicati esclusivamente alle
parole appena nate. Spesso si tratta di raccolte che derivano dallo spoglio, realizzato con criteri scientifici, di fonti selezionate:
per esempio un certo numero di giornali per un certo numero
di anni. Strumenti di questo tipo censiscono tutti i termini mai
attestati prima e presenti nel campione che si è scelto: fotogra-
fano le innovazioni legate a un determinato momento storico,
anche quelle destinate a perdersi. E possono rivelarsi utilissimi
non solo per datare un testo, ma anche se si deve produrre, o

tradurre, uno scritto dalla lingua fortemente caratterizzata in senso temporale. Ancora diverso è il caso delle raccolte dei neologismi di un solo scrittore. Si tratta, in questi casi, di repertori indispensabili allo studio della lingua degli autori. E, spesso, di miniere piene di tesori. Nel *Glossario* delle invenzioni lessicali di Manganelli (il cui titolo si fregia, a sua volta, di un neologismo: *Giorgio Manganelli «Verbapoiete»*) si accatastano parole come *abbozzolare, adediretto, disluogo, rongoroso*.

Curioso è invece l'atteggiamento opposto, non scientifico ma umorale, che ha caratterizzato, nella storia linguistica italiana, un intero filone di repertori lessicali: quelli che, con inconsapevole paradosso, raccolgono parole nuove per scoraggiare i parlanti dall'utilizzarle. Questo era, per esempio, l'atteggiamento dei dizionari puristi, un vero fenomeno editoriale dell'Ottocento. I puristi erano coloro che proponevano all'uso moderno il patrimonio trecentesco. E con lo stesso intento, di preservare cioè la purezza della lingua, molti crociati di questa battaglia realizzarono anche dizionari destinati a censire barbarismi e voci corrotte. Raccolte che sono il risvolto speculare, e l'ideale complemento, dei dizionari storici che selezionano la buona lingua: questi impongono il modello positivo, quelle proscrivono il negativo. Qualche titolo basterà a mostrare l'impostazione dei repertori puristi: *Nuovo elenco di voci e maniere di dire biasimate* (1839-41), *Catalogo di spropositi* (1839-43), *Voci e modi erronei* (1846), *Vocabolario di parole e modi errati* (1848), *Dizionario di pretesi francesismi* (1858-60), fino al più noto *Lessico dell'infima e corrotta italianità* di Pietro Fanfani e Costantino Arlìa (1881). Tutte queste raccolte registrano voci che non erano mai apparse nei vocabolari precedenti: di solito forestierismi (dal francese soprattutto), latinismi, dialettismi. E le combattono con una certa convinzione: ricorrono definizioni come «frase diabolica [...] e di suono barbaro», «orrendissimo modo», «vocabolo pari a bestemmia», «sozzo», «sconcio». Come sempre accade, la battaglia dei puristi riesce a sbarrare la strada ad alcune parole (*papetiere*, per cartolaio, non ha attecchito), ma non frena la diffusione della larga parte dei prestiti, soprattutto degli odiati francesismi che, già dal Settecento, stavano entrando in massa nell'italiano, e non smisero di farlo.

Un'altra stagione di purismo arriva in tempi più vicini, con la politica linguistica del fascismo che, con decreto dell'11 febbraio 1923, obbliga gli italiani a evitare i termini stranieri. Anche questa volta nascono prevedibili raccolte di parole da bandire (che, di nuovo, vengono in questo modo consegnate alla storia). La più nota è un libro di Paolo Monelli dal titolo eloquente: *Barbaro dominio* (1933). Si tratta di una scelta di cinquecento forestierismi di cui si ricostruisce la storia e per ciascuno dei quali si propone una sostituzione italiana.

Respingere il nuovo in nome di un fastidio iperconservativo è, naturalmente, uno solo degli atteggiamenti possibili. Leopardi, invece, scriveva:

> La lingua italiana ha un'infinità di parole ma soprattutto di modi che nessuno ha peranche adoperati. Ella è come coperta tutta di germogli, e per sua propria natura, pronta sempre a produrre nuove maniere di dire. Tutti i classici e buoni scrittori creano continuamente nove frasi. Il vocabolario ne contiene la menoma parte [...].

Guardare i germogli con curiosità, magari con simpatia, e senza preconcetti, è un modo di riconoscere che la lingua è viva, respira e si muove. E che anche l'apparente bruttezza di un vocabolo mai sentito può entrare in circolo, acclimatarsi, suonare, col tempo, meno stridente. Magari non usiamola subito, quella parola che sembra nemica, ma mettiamola alla prova, stiamo a guardare, lasciamo che si depuri del rumore del nuovo.

Sarebbe facile argomentare che oggi il livello di apertura è ben più alto che in passato, anche (soprattutto?) tra i lessicografi. Basti il fatto che la parola dell'anno 2015 selezionata dagli *Oxford Dictionaries* è stata... una non-parola, cioè l'emoji che piange dal ridere 😂 (anche se le faccine non sono, a oggi, registrate nel dizionario).

Però. Le vicende dei repertori prescrittivi mostrano un atteggiamento ricorrente anche in epoche lontane da ogni purismo: sospetto, insofferenza, ironia, accompagnano talvolta l'apparizione delle parole mai sentite anche in tempi recenti. Non ne vanno immuni alcuni scrittori, che hanno inventato brillanti e personalissime variazioni della forma-dizionario. Un primo esempio è *Il neoitaliano*, il libro che Sebastiano Vassalli ha dedicato alle parole di quelli che lui stesso chiama «i banali anni 80». Leggiamo la voce *Allargarsi*:

> Verbo dell'ego in espansione, allargarsi nei banali anni 80 si è allargato, cioè si è esteso nell'uso a danno di altri verbi come spingersi, dilungarsi, sbilanciarsi, sbottonarsi eccetera. Due esempi dai giornali. Un teatrante: «Lo scorso anno mi sono allargato anche verso centro e sud Italia». Un politico intervistato su una crisi di governo: «Glissa, fa finta di saperla lunga, ma non si allarga».

Anche Giuseppe Pontiggia, osservatore attentissimo dei costumi linguistici degli italiani e fustigatore ironico delle loro debolezze, ha spigolato, nel suo libretto *Le sabbie immobili*, campioni imbarazzanti delle male abitudini nazionali. I reperti sono esilaranti, e un po' preoccupanti:

Realizzarsi
Aspirazione diffusa. Temibile soprattutto quando si realizza.

Incredibile
Usato per attirare l'attenzione su quanto stiamo dicendo, perciò usato continuamente. Suscita rassegnazione in chi lo ascolta, perché non si tratta mai dell'incredibile, ma solo di ciò che è scarsamente credibile. Ho fatto un incontro incredibile (detto per «interessante»). Ma l'interesse di chi ascolta è già scemato. Incredibile è, alla lettera, solo chi lo dice.

Estremamente
Ricorre con l'accanimento di assolutamente. Vorrebbe aggiungere energia a un linguaggio stremato e finisce per sottrargli anche quella residua.

Ammaestramenti utili. Ma anche strumenti per collocare nel tempo le correnti della fortuna o della sfortuna delle parole (proprio Pontiggia ha parlato di parole di moda); e le reazioni dei parlanti. Strumenti per riconoscere, o per riprodurre, il colore di un'epoca nelle sue parole scritte.

4.7   Dalla cosa alla parola

Al momento dell'Unità, gli italiani parlavano dialetto, o un italiano approssimativo raggiunto attraverso il dialetto (→ 1.6); e le persone colte scrivevano secondo il modello dei grandi autori del passato. Stabilito che la lingua della nazione sarebbe stato il toscano, si trattava di insegnarlo a tutti. Allo scopo collaborarono, come si sa, anche i dizionari. Accanto a quelli dialettali, che traducevano i termini di un determinato dialetto in toscano, ebbe molta fortuna in epoca post-unitaria una tipologia specifica di vocabolari rivolti non a chi conosceva una parola e ne cercava il significato o gli usi, ma a chi aveva in mente un oggetto o un concetto, ma non possedeva la parola per esprimerlo. In soccorso di costoro, si diffusero dunque i vocabolari metodici (o analogici, o nomenclatori), che raccolgono attorno a un vocabolo una costellazione di altri termini che gli sono legati per relazioni di vario tipo. Proprio perché rivolti a un pubblico che voleva scoprire i nomi italiani degli oggetti della quotidianità, alcuni tra i più diffusi vocabolari metodici ottocenteschi furono dedicati alle voci specialistiche di arti e mestieri, o a quelle della vita domestica.

Il più ambizioso e importante di questi vocabolari va però ben oltre la semplice raccolta di parole domestiche, e si apre all'intero patrimonio dell'italiano, includendo anche neologismi, parole straniere e voci regionali: è *Il vocabolario nomenclatore illustrato* di Palmiro Premoli, pubblicato tra il 1909 e il 1912. Che così giustifica la sua ragion d'essere:

> ci succede, magari spesso, di avere sulla punta della lingua, come si usa dire, una o più parole che sappiamo pure di conoscere, ma che, lì per lì, come ribelli, stanno ostinatamente annidate nel fondo buio della memoria, lasciandoci nel cruccioso imbarazzo di non poter parlare, di non potere scrivere se non per via di avvolgimenti, di stiracchiamenti più o meno onorati e onorevoli sotto il nome di perifrasi, ma fastidiosissimi, incresciosissimi sempre.

Il problema di non ricordare, o non conoscere, le parole necessarie esiste anche oggi, e riguarda, oltre alle parole comuni oggetto di momentanea dimenticanza, molte aree di terminologia tecnica o specifica. Chi sa dire come si chiama quella parte assottigliata della lama di un'arma o di un coltello che si inserisce nell'impugnatura? Il Premoli, al lemma *coltello*, entro la categoria *Parti del coltello – Sua fabbricazione*, informa che il nome è *còdolo*.

Raccogliamo dunque la sfida del lessicografo e tentiamo, spostandoci verso la traduzione, un micro-esperimento. Oggetto: le pagine sulla fabbricazione dei guanti in *American Pastoral* (1997) di Philip Roth. Con un vincolo: lavoriamo, per un momento, come se la (bellissima) traduzione italiana di Vincenzo Mantovani non esistesse. Con l'aiuto di due dizionari nomenclatori: il vecchio, sempre indispensabile Premoli e il più recente *Dizionario analogico della lingua italiana* di Donata Feroldi ed Elena Dal Pra.

Il Premoli, al lemma *guanto*, propone un vero e proprio raccontino:

Il fabbricante si provvede di pelli già preparate e tinte, e incomincia col *pareggiarle*, adoperando la *lunetta* (coltello anulare); poi le *bagna* leggermente con una *spazzola*, le *ripiega* pel contropelo e le mette in *torchio*, le une sulle altre, perché si imbevano bene di umidità, le *stende* di nuovo tirandone gli orli e facendo passare questi, con una certa forza, sulla sponda di marmo della *tavola* (tale operazione dicesi *disorlatura*). Quindi taglia la pelle e la sottopone al *ligiamento* (con un coltello di lama larga, ben affilato e arrotondantesi sull'orlo), che ha per iscopo di arrotondarla e ridurla alla più uniforme e maggiore sottigliezza possibile. Della pelle prende in seguito due rettan-

goli simili e li applica uno sull'altro, dalla parte del pelo leggermente bagnata, perché aderiscano un po', e fa loro subire
l'operazione del *taglio*, segnando con ciò la separazione delle
dita e il buco rotondo sul quale sarà *riportato* il pollice.

Incamerata una discreta quantità di lessico specifico, interrom-
piamo il piacere della lettura, anche se il racconto prosegue
passando alle operazioni di cucitura. E spostiamoci su un singolo vocabolo ricorrente nelle descrizioni guantesche di Roth:
fourchette. La parola è quasi intraducibile col solo appoggio dei
dizionari bilingui. Ma, acquisito il senso dell'accezione che ci
interessa («the strip or shaped piece used for the side of the
fingers of a glove», spiega il Merriam-Webster), il ricorso a un
vocabolario nomenclatore sarà d'aiuto. Sia il Premoli sia il moderno *Dizionario analogico della lingua italiana*, entro l'elenco
delle parti di un guanto, includono infatti le *linguette*, o strisce
di stoffa che separano le dita.

4.8   Pacchetti di parole

Il lessico di una lingua non è solo un inventario (un vocabolario), ma un insieme di combinazioni. Le parole difficilmente si muovono sole: si attraggono, solidarizzano, si combinano
o si respingono secondo percorsi che sono spesso determinati
dall'uso, ma talvolta nuovi e inattesi. Un aspetto della fantasia
linguistica sta nel creare significato aggiuntivo proprio sfidan-
do le abitudini, e aggregando parole che non è ovvio pensare insieme. L'effetto di rottura generato dall'aggettivazione per
contrasto è un marchio stilistico molto riconoscibile di alcuni
scrittori: Manganelli, per esempio (*effimera eternità, funesta le-*

tizia, luminosa disperazione), o Pontiggia (*delicata ferocia, disperazione positiva, intensamente inespressiva*), che ha definito questo procedimento «coabitazione coatta».

Le coabitazioni creative non sono materia per i vocabolari, che possono però occuparsi degli altri accoppiamenti, quelli guidati dall'uso della lingua: i modi tipici, convenzionali di dire una certa cosa, che rispondono alle abitudini e alle attese dei parlanti. Queste combinazioni consolidate prendono il nome di collocazioni. I gruppi di parole che tendono a presentarsi insieme sono, in italiano come in ogni lingua, molto numerosi, e coinvolgono parti diverse del discorso: verbo + nome (*stabilire un primato, prendersi una vacanza, perdere tempo*); nome + verbo (*la situazione precipita*); nome + aggettivo (*clima mite*); aggettivo + nome (*alta opinione, amara sorpresa, atroce sciagura, perdita irreparabile*); nome + nome (*parola chiave, guerra lampo*); nome + specificazione (*pizzico di sale*); avverbio + aggettivo (*gravemente ferito*); verbo + avverbio (*pentirsi amaramente*).

La collocazione si distingue da altri accostamenti. Vediamolo con un esempio: *mangiare di gusto* è una collocazione, perché i componenti mostrano una certa predilezione a combinarsi tra loro (e la variante *cibarsi di gusto* suona inusuale). Le collocazioni sono più vincolate delle combinazioni libere: nell'espressione *mangiare un panino* esiste un rapporto di solidarietà semantica tra il verbo e l'oggetto, che però può essere sostituito da altri analogamente solidali (*mangiare una mela*); e sono meno rigide delle frasi idiomatiche, dove il significato totale non può essere desunto dalla somma dei significati dei suoi costituenti. Se nell'espressione *mangiare la foglia* si cambia qualcosa, il valore idiomatico va perduto, e l'espressione può essere interpretata solo in senso letterale (*mangiare le foglie*).

Un'altra caratteristica delle collocazioni (oltre che delle frasi idiomatiche) è l'assenza di equivalenti formali immediati nelle varie lingue. Ciascuna lingua possiede aggregazioni specificamente sue, che tocca al traduttore riconoscere e riprodurre, anche avvalendosi dei dizionari. Su questo fronte, esiste oggi un unico dizionario bilingue che ha fatto della segnalazione delle collocazioni uno dei suoi punti di forza, quello tedesco-italiano e italiano-tedesco di Luisa Giacoma e Susanne Kolb. Da lì prelevo questo esempio. Alla voce *scapolo*, il dizionario fornisce la traduzione tedesca per l'aggettivo (*ledig, unverheiratet*), e quella per il sostantivo, *Junggeselle*, cui affianca l'aggettivo ricorrente con cui il nome forma una combinazione vincolata: *eingefleischter Junggeselle* (in italiano: *scapolo impenitente*). Ma, al lemma *eingefleischt* si incontrano altre collocazioni: per lo stesso aggettivo, se associato con *Kommunist*, si propone per esempio la resa italiana *irriducibile*.

Assente, per altre combinazioni linguistiche, uno strumento analogo, sarà opportuno ricorrere agli specifici dizionari delle collocazioni nella lingua di partenza, e in italiano. Con un duplice scopo bene in mente: riconoscere l'esistenza dei pacchetti di parole per riprodurre in italiano l'espressione vincolata corrispondente; o verificare la rottura dello schema nella lingua di partenza e disaggregare la prevedibilità dell'accostamento anche in italiano.

Nel 2002 ho tradotto *A Murder, a Mystery, a Marriage* di Mark Twain, un delizioso romanzo scritto nel 1876 per gioco e per scommessa. Questa l'idea di Twain: data una identica trama, ad alto tasso di prevedibilità (gli ingredienti sono quelli del titolo), scrittori diversi avrebbero dovuto costruire un racconto. In realtà, quel racconto lo scrisse solo Mark Twain, e il suo allegrissimo testo è l'esasperazione e la presa in giro di una serie di stereotipi narrativi e linguistici. Per questo, ho giocato a mia volta a ricreare in italiano le collocazioni più consolidate. Senza temere la prevedibilità, ma proprio inseguendola. Anche con la conferma dei dizionari: quando ho deciso di tradurre l'attacco di frase *One stormy winter's night* con *Una notte d'inverno buia e tempestosa* ho verificato che l'inglese *stormy* comparisse, come gli aggettivi italiani *buia* e *tempestosa*, tra le collocazioni nelle due diverse lingue. Con la coppia aggettivale *buia e tempestosa*, ho poi inserito una collocazione nella collocazione, per marcare ulteriormente il vincolo dell'ovvietà su cui si fonda la lingua originale.

C'è invece un racconto dello scrittore svizzero Peter Bichsel che propone un perfetto esempio di scardinamento non di collocazioni, ma di solidarietà semantiche. Il racconto si intitola *Ein Tisch ist ein Tisch* (*Un tavolo è un tavolo*), e fa parte della raccolta *Kindergeschichten* (*Storie per bambini*), pubblicata in tedesco nel 1969 e in italiano, nella traduzione di Chiara Allegra, nel 1989. La storia è quella di un uomo vecchio e un po' triste, che decide di cambiare i nomi alle cose che gli stanno intorno: chiama il tavolo tappeto, il letto quadro, la sedia sveglia, e così via. Ne risulta un piccolo, dolceamaro apologo dell'incomprensibilità: alla fine l'uomo dimentica i nomi veri delle cose, non capisce più quello che dicono gli altri, e gli altri non capiscono più lui. Bichsel si concentra sulle parole ma, in realtà, la rovina della funzione sociale della lingua non deriva semplicemente dai nomi spostati, ma anche dal fatto che le azioni legate alle cose continuano a essere espresse con le stesse parole. Esplodono, insomma, insieme alle parole, i rapporti di solidarietà semantica che le collegano, perché l'uomo si sdraia non a letto ma a quadro, si siede non sulla sedia ma sulla sveglia, non sfoglia l'album di fotografie della madre ma lo specchio:

Am Morgen blieb der alte Mann lange im Bild liegen, um neun läutete das Fotoalbum, der Mann stand auf und stellte sich auf den Schrank, damit er nicht an die Füße fror, dann nahm er seine Kleider aus der Zeitung, zog sich an, schaute in den Stuhl an der Wand, setzte sich dann auf den Wecker an den Teppich, und blätterte den Spiegel durch, bis er den Tisch seiner Mutter fand.

Al traduttore il compito o, in questo caso, il divertimento (s)combinatorio, di disaggregare le solidarietà semantiche con la massima precisione:

La mattina il vecchio uomo rimaneva a lungo a quadro, alle nove suonava l'album delle fotografie, l'uomo si alzava e si metteva sull'armadio perché non gli gelassero i piedi, poi prendeva fuori i vestiti dal giornale, si vestiva, guardava la sedia alla parete, si sedeva sulla sveglia al tappeto e sfogliava lo specchio finché non trovava il tavolo della sua mamma.

A differenza delle collocazioni, le solidarietà non sono oggetto di dizionari specifici. E l'esempio di Bichsel non ne invoca la necessità. Ma non è sempre così. I testi scritti scivolano più spesso di quanto si creda in accostamenti imprecisi, e i dizionari – a partire da quelli dell'uso – sono un aiuto: perché combinare correttamente le parole, anche nella propria lingua, è un esercizio non sempre facile. Come mostra questa geniale, pedante, insofferente micro-invettiva, che Gadda affida a una lettera privata:

«… I fabbri saldavano i bulloni nelle lamiere…» diceva un grande giornalista pochi mesi fa.
Io, pedante, osservo:

- Le lamiere dei transatlantici non sono bullonate, ma chiodate. Poi cianfrinate e calafatate.
- I bulloni non si saldano, ma si stringono.
- I chiodi non si saldano, ma si *ribadiscono* a caldo.
- Qualunque fabbro-ferraio od aggiustatore meccanico avrebbe detto in buon italiano «... I maestri chiodatori ribadivano i chiodi roventi (o a caldo) col martello pneumatico...». Che c'entra la saldatura?

*

A *Dictionary of the English Language* di Samuel Johnson è stato pubblicato a Londra nel 1755. Se ne può oggi consultare anche una selezione: *Samuel Johnson's Dictionary. Selections from the 1755 Work that Defined the English Language,* edited by Jack Lynch, Levenger Press, New York 2002. La definizione *harmless drudge* è diventata il nome del blog a tema lessicografico harmlessdrudgery.blogspot.com creato da Kory Stamper, una lessicografa americana che lavora nella redazione del Merriam-Webster Dictionary. Il saggio di Giovanni Nencioni, *Lessicografia e letteratura italiana,* si legge nel volume di Nencioni stesso *Di scritto e di parlato. Discorsi linguistici,* Zanichelli, Bologna 1983. L'esempio di Manganelli proviene da Mariarosa Bricchi, *Manganelli e la menzogna. Notizie su «Hilarotragoedia»,* con testi inediti, Interlinea Edizioni, Novara 2002. La citazione di Manganelli sugli strumenti del traduttore si trova nel saggio dal titolo «Leggere i russi», in *Antologia privata,* Rizzoli, Milano 1989. La citazione da Orazio e quelle ottocentesche nel corso dell'intero capitolo provengono da Mariarosa Bricchi, *La roca trombazza. Lessico arcaico e letterario nella prosa narrativa dell'Ottocento italiano,* Edizioni dell'Orso, Alessandria 2000. La vicenda di *abderitismo* si legge nel libro di Tullio De Mauro, *La fabbrica delle parole. Il lessico e problemi di lessicologia,* UTET, Torino 2005. Sulla storia dei dizionari: Claudio Marazzini, *L'ordine delle parole. Storia di vocabolari italiani,* il Mulino, Bologna 2009; Valeria Della Valle,

Dizionari italiani: storia, tipi, struttura, Carocci, Roma 2005; Mariarosa Bricchi, «La questione della lingua dal Settecento all'Ottocento», in *Atlante della letteratura italiana*, a cura di Sergio Luzzatto e Gabriele Pedullà, vol. iii. *Dal Romanticismo a oggi*, a cura di Domenico Scarpa, Einaudi, Torino 2012 (e parti online, all'indirizzo www. einaudi.it). Dei Libri di base Tullio De Mauro ricorda la storia in *La cultura degli italiani*, a cura di Francesco Erbani, Laterza, Roma-Bari 2004. Uno dei Libri di base più fortunati fu la *Guida all'uso delle parole* dello stesso De Mauro, in prima edizione nel 1980 e da allora titolare di numerose ristampe. In appendice alla *Guida* compare un elenco di circa settemila parole di base. La riflessione di Manzoni sui sinonimi è in uno scritto del 1847, *Sulla lingua italiana. Lettera a Giacinto Carena*. Il saggio di Luigi Morandi «I sinonimi del verbo morire e la questione della lingua», pubblicato in prima edizione nel 1882, fu quindi incluso nell'antologia *Prose e poesie italiane*, Lapi, Città di Castello 1892. Della traduzione inglese delle parole della sommossa nei *Promessi sposi* si è occupato David Gibbons nel saggio «Mob Multitude Populace? Le voci dell'insurrezione nelle prime traduzioni anglofone dei *Promessi sposi*», in *Milano capitale culturale (1796-1898)*, a cura di Francesco Spera e Angelo Stella, Casa del Manzoni, Milano 2016. La citazione di Gadda viene da un saggio pubbblicato nel 1942, «Lingua letteraria e lingua d'uso», poi in *I viaggi e la morte*, Garzanti, Milano 1958; quella di Pontiggia dal suo libro *Prima persona*, Mondadori, Milano 2002. Di Gianni Rodari, si cita *La grammatica della fantasia. Introduzione all'arte di inventare storie*, Einaudi, Torino 2001. I neologismi di Manganelli sono raccolti in Luigi Matt, *Giorgio Manganelli «Verbapoiete». Glossario completo delle invenzioni lessicali*, Artemide, Roma 2017. Il passo di Leopardi è in una nota dello *Zibaldone* datata 5 febbraio 1822. Le parole di Mario Cannella vengono da un'intervista: Raffaella De Santis, «Prova a prendere la lingua che fugge», *la Repubblica*, 15 ottobre 2017. I repertori di Vassalli e di Pontiggia sono rispettivamente *Il neoitaliano. Le parole degli anni ottanta scelte e raccolte da Sebastiano Vassalli*, Zanichelli, Bologna 1989; e *Le sabbie immobili*, il Mulino, Bologna 1991. Sulla faccina che piange dal ridere come parola dell'anno 2015, rimando alle osservazioni di Massimo Arcangeli, *La solitudine del punto esclamativo*, il Saggiatore, Milano 2017. Di aggregazioni di parole Pontiggia parla a lungo in *Dentro la sera. Conversazioni sullo scrivere*, Belville, Milano 2016. Sullo statuto linguistico delle collocazioni, si rimanda al volume di Elisabetta Ježek, *Lessico. Classi di parole, strutture, combinazioni*, il Mulino, Bologna 2005. La lettera di Gadda, datata 11 dicembre 1931, è indirizzata a Silvio Guarnieri e si legge in *la Repubblica – Mercurio*, 10 novembre 1990.

DIZIONARI CITATI

Vocabolario degli Accademici della Crusca, Alberti, Venezia 1612.

Dizionario della lingua italiana nuovamente compilato dai signori Nicolò [*sic*] Tommaseo e cav. Professore Bernardo Bellini, con oltre centomila giunte ai precedenti dizionari raccolte da Nicolò Tommaseo, Giuseppe Campi, Giuseppe Meini, Pietro Fanfani e da molti altri distinti filologi e scienziati, Pomba, Torino 1865-79.

Grande dizionario della lingua italiana (GDLI), 21 voll., UTET, Torino 1961-2002.

Novo vocabolario della lingua italiana secondo l'uso di Firenze, ordinato dal Ministero della Pubblica Istruzione, compilato sotto la presidenza del comm. Emilio Broglio dai Signori Bianciardi S., Dazzi P., Fanfani P., Gelli A., Giorgini G.B., Gotti A., Meini G., Ricci M., Cellini, Firenze 1870-97.

Grande dizionario italiano dell'uso (GRADIT), ideato e diretto da Tullio De Mauro, 6 voll., UTET, Torino 1999.

Aldo Duro, *Vocabolario della lingua italiana*, 4 voll., 5 tomi, Istituto della Enciclopedia Italiana, Roma 1986-94.

il Sabatini-Coletti. Dizionario della lingua italiana (DISC), Milano, Rizzoli-Larousse, Milano 2003.

il Devoto-Oli. Vocabolario della lingua italiana, a cura di Luca Serianni e Maurizio Trifone, Le Monnier, Firenze 2008.

Grande dizionario Garzanti della lingua italiana, Garzanti, Milano 2009.

lo Zingarelli. Vocabolario della lingua italiana di Nicola Zingarelli, Zanichelli, Bologna (aggiornato e ristampato ogni anno).

Carlo Costanzo Rabbi, *Sinonimi ed aggiunti italiani*, Pisarri, Bologna 1732.

Giovanni Romani, *Dizionario generale de'sinonimi italiani*, 3 voll., Silvestri, Milano 1825-27.

Niccolò Tommaseo, *Dizionario dei sinonimi*, Pezzati, Firenze 1830.

Vocabolario della lingua italiana. Sinonimi e contrari, direttore Raffaele Simone, Istituto della Enciclopedia Italiana, Roma 2003.

Pietro Fanfani e Costantino Arlìa, *Lessico dell'infima e corrotta italianità*, Carrara, Milano 1881 (prima edizione 1877, col titolo *Lessico della corrotta italianità*).

Palmiro Premoli, *Vocabolario nomenclatore*, Manuzio, Milano 1909-12.

Dizionario analogico della lingua italiana di Donata Feroldi ed Elena Dal Pra, Zanichelli, Bologna 2011.

il nuovo dizionario di Tedesco, a cura di Luisa Giacoma e Susanne Kolb, Terza edizione, Zanichelli, Milano 2014.

Paola Tiberii, *Dizionario delle collocazioni. Le combinazioni delle parole in italiano*, Zanichelli, Milano 2012.

Francesco Urzì, *Dizionario delle combinazioni lessicali*, Convivium, Lussemburgo 2009.

5. Parlare artificiale

Parlare affettato è un vizio con due facce: ci sono le scelte pompose e impennacchiate di chi, credendo di innalzare il registro, in verità lo abbassa, denunciando null'altro che insicurezza e disagio; e le parole della burocrazia, polverosi materiali di quel deposito che Italo Calvino ha battezzato antilingua. L'una e l'altra deriva appartengono, per ragioni storiche, alla personalità dell'italiano. Ma, da sempre, gli scrittori più avvertiti evitano questi segnali di impaccio, e li prendono in giro. Ascoltiamoli. Per liberarci dal complesso di inadeguatezza che semplicità e limpidezza sembrano portare con sé.

5.1   *La roca trombazza*

Il vizio è antico. Scriveva Stendhal, viaggiando in Italia nel 1817:

> Un homme qui écrit une lettre ouvre son dictionnaire, et un mot n'est jamais assez pompeux ni assez fort. De là, la naïveté, la simplicité, les nuances de naturel, son choses inconnues en italien.

Parole semplici e naturali da un lato, parole pompose ed eccessive dall'altro sono due linee che corrono parallele nella storia dell'italiano: se ne discute, arrivano scrittori che combattono il gonfiore e l'artificio, li bandiscono dalle loro pagine, li denunciano con le armi dell'ironia; nel frattempo, altri continuano, marmorei, a praticarli.

Così erano andate le cose nell'Ottocento: mentre si faceva strada l'esigenza di una lingua moderna, emancipata dal peso della tradizione letteraria e vicina all'uso (uso è una parola chiave), sopravviveva ed era praticato da molti il modo di scrivere opposto: parole e forme antiche, letterarie, poetiche, che riempivano i libri ma erano sempre più lontane dalla vita quotidiana.

Il campione dell'uso è, naturalmente, Alessandro Manzoni, che riscrive la seconda edizione dei *Promessi sposi* nel fiorentino dei suoi tempi ed espunge, insieme a termini ed espressioni milanesi, anche molte parole di tradizione letteraria, sostituite con altre del linguaggio comune. Pochi esempi di correzioni, che dicono molto: *aere → aria*; *bamboli → bambini*; *tema → paura*; *copia → quantità*; *animavversione → odio*; *amaritudine → amarezza*; *perdonanza → perdono*; *permissione → permesso*; e gli avverbi: *appo → presso*; *omninamente → affatto*; *poscia → poi*; *tampoco → nemmeno*.

Ma proprio negli stessi anni, e poi ben oltre, altri autori di romanzi storici (era il genere alla moda), e i traduttori, infarciscono i loro scritti di paroloni già allora inattuali, come *aggrondatura*, *lamentanza*, *fidanza*, o propri dell'uso poetico, come *desio*, *solingo*.

Ecco qualche riga della versione italiana (traduttore anonimo) di un romanzo gotico, ai tempi, popolarissimo, *I misteri del castello d'Udolfo* (*The Mysteries of Udolpho*, 1794) di Ann Radcliffe. La data della traduzione è 1875, oltre trent'anni dopo la seconda edizione dei *Promessi sposi*:

> Colà godevasi d'una folta ombra. Vi scaturiva una fonte, che, fuggendo sotto gli alberi fra erbosi margini, correva a precipitarsi al basso in brillanti cascatelle. Il suo lene murmure alfine perdevasi nel sottoposto baratro, ed il candido polvischio della sua spuma serviva solo a distinguerne il corso in mezzo ai negri abeti.

La cosa più interessante del passo non è il suo suono *démodé* per noi, lettori di oggi; ma il fatto che un certo rumore di anticaglia era già percepibile ai contemporanei. Il Tommaseo-Bellini, pubblicato a partire dal 1865, definisce poetiche le voci *murmure* (anzi: «Raro anche nel verso») e *lene*; dichiara che il nome *polviscolo* non è dell'uso (la variante *polvischio* non è nemmeno attestata), mentre *negro*, che è aggettivo latineggiante ma anche presente nei dialetti settentrionali, è classificato come meno comune di *nero*. Infine, le enclisi pronominali in *godevasi* e *perdevasi* sono già all'epoca costrutti arcaicizzanti (che Manzoni sostituisce, nella seconda edizione del romanzo, con forme non enclitiche). Una patina aulica che è lontana dalla naturalezza, ma che i lettori erano abituati a riconoscere come un sistema di segnali che dichiara QUI LETTERATURA. Una patina aulica il cui colore risalta tanto più se si accosta la traduzione all'originale inglese:

> Here was shade, and the fresh water of a spring, that, gliding among the turf, under the trees, thence precipitated itself from rock to rock, till its dashing murmurs were lost in the abyss, though its white foam was long seen amid the darkness of the pines below.

Complicazione, innalzamento di registro, intrusione di tocchi poetici appartengono insomma solo all'italiano, e sono assenti nell'originale. Più che una traduzione, un adattamento, nel senso, che Vladimir Nabokov dava alla parola, di manipolazione del testo originale per assecondare le attese del pubblico ricevente. Ebbene, in questo caso le attese culturali dei lettori di romanzi storici sono semplici: la lingua di un romanzo, come ogni altra forma di scrittura, dovrà essere quella della secolare tradizione letteraria italiana.

La forbice dunque è netta e segnala una situazione dissimmetrica: da un lato Manzoni, scrittore di sensibilità anticipatrice, dall'altro i molti che, o spinti da idee linguistiche diverse (Leopardi, per esempio, credeva in un uso selettivo e innovativo delle parole antiche) o per adeguamento inerziale, attingono alla lingua della tradizione. Su quale fosse il partito da sostenere, Gadda, grande ammiratore di Manzoni, non aveva dubbi:

> [Manzoni] Volle poi che il suo dire fosse quello che veramente ognun dice, ogni nato dalla sua molteplice terra, e non la roca trombazza d'un idioma impossibile, che nessuno parla (sarebbe il male minore), che nessuno pensa, né rivolgendosi a sé, né alla sua ragazza, né a Dio.

La parola limpida di un solo scrittore, e quella limacciosa e contorta di tanti suoi contemporanei: Gadda disegna una opposizione fin troppo netta, ma capace di sottolineare, insieme alla novità di Manzoni, il peso della tradizione. Tradizione che, in Italia, è da sempre il serbatoio e il rifugio dei letterati. Ancora in pieno Ottocento, immettere nella lingua dei romanzi, o nelle loro traduzioni, parole che appartengono al patrimonio dell'italiano scritto era una garanzia, una chiave di accesso alla scrittura letteraria, una scelta rassicurante.

5.2   Parlare come un libro stampato

Insomma, la sirena letteraria appartiene alla storia dell'italiano, dove la scrittura si è appoggiata per secoli ai grandi modelli del canone trecentesco, mentre il parlato si evolveva, si sporcava, si modernizzava senza rapporto diretto con la lingua dei libri.

Proprio per questo, perché in Italia il fatto stesso di scrivere implica un innalzamento del registro quasi automatico, le ribellioni scuotono, segnano svolte, ma lasciano residui. Già alcune decine d'anni prima di Manzoni, i pensatori illuministi lombardi si erano baldanzosamente dichiarati paladini di una lingua aderente alle cose, strumento di espressione aperto a tutte le parole, vecchie e nuove, italiane o straniere, che sapessero comunicare al meglio un'idea. Unico requisito, che tali parole fossero comprensibili agli uomini colti di ogni parte d'Italia (così scriveva Alessandro Verri in un testo famoso, la *Rinunzia avanti Nodaro, degli Autori del presente foglio periodico al Vocabolario della Crusca*, pubblicato sulla rivista *il Caffè* nel 1764).

Ma la vera rivoluzione è quella di Manzoni, non solo per la sistematicità, l'ampiezza e l'apertura delle sue riflessioni, ma perché le sue idee, sostanzialmente, prevalsero. Ci sono ragioni storiche. La prima: subito dopo l'Unità d'Italia il vecchio scrittore viene invitato dal ministro della Pubblica istruzione, Emilio Broglio, a pronunciarsi su quale debba essere la lingua del nuovo Stato, e quali i mezzi per diffonderla. La risposta di Manzoni, contenuta in un breve scritto pubblicato nel 1868 col titolo *Dell'unità della lingua e dei mezzi di diffonderla*, indica la parlata viva di Firenze come lingua nazionale, e suggerisce la sua diffusione nelle scuole attraverso un vocabolario non storico, ma dell'uso presente. Una scelta di rottura, che sposta l'attenzione dalla lingua della tradizione letteraria, raccolta nei vocabolari storici fino ad allora correnti, alla lingua attuale, cui saranno dedicati, negli anni a venire, numerosi dizionari, tra i quali quello nato per diretta ispirazione manzoniana, il Giorgini-Broglio (→ 4.4). Il secondo fattore che determinò la prevalenza delle posizioni di Manzoni è la scuola: gli insegnanti di fede manzoniana furono molti, e molto attivi; i *Promessi sposi* entrarono presto nei programmi e ci rimasero, mentre si affermava l'enorme successo commerciale di altri due libri che ne replicano le opzioni linguistiche fiorentine e diffondono espressioni idiomatiche del toscano vivo: *Pinocchio* di Collodi (1883) e *Cuore* di Edmondo De Amicis (1886).

Le critiche non mancarono, dirigendosi soprattutto contro l'opportunità di imporre dall'alto un modello linguistico unico a un paese da secoli diviso; e contro l'idea che il rinnovamento della lingua dovesse passare per libri e vocabolari, piuttosto che per una nuova modernità sociale e culturale. Tuttavia, attraverso il fiorentino contemporaneo, una lingua viva e parlata, trovano finalmente posto nella scrittura parole ed espressioni meno antiche e letterarie, più naturali.

Ma il legame con la tradizione letteraria, quella disposizione tutta italiana che un grande linguista, Graziadio Isaia Ascoli, aveva chiamato «l'antichissimo cancro della retorica» resta duro a morire. Accanto al parlato toscano dei maestri, e ai libri di testo toscani, sono utilizzate ancora a lungo nelle scuole grammatiche ottocentesche, di impostazione tradizionale. E, per contro, l'acquisizione del fiorentino è un percorso non immediato, sia per i parlanti, sia per gli scrittori non toscani.

L'Italia unita è un paese di analfabeti, che parlano dialetto. Nel 1861 la percentuale di analfabetismo è del 75%, mentre meno del 10% dei cittadini è in grado di sostenere una conversazione in italiano.

L'italiano (il fiorentino promosso a lingua nazionale) inculcato a scuola ai bambini abituati al dialetto sembra, di nuovo, una lingua pomposa e imbalsamata. E così per diversi decenni. Lo scrittore Luigi Meneghello ha raccontato in pagine spassose come i rapporti tra «parlare (spontaneo e informale) e scrivere (artificiato e formale)» fossero, per gli scolaretti di un paese del Veneto degli anni trenta, un problema. Gli uccellini, per esempio:

> Oseleto era la sola parola da dire in paese […]: e uccellino la sola da scrivere. […] Un uccellino infatti non fa ciò che fa un oseleto, il quale non fa quasi niente. L'uccellino è energico, fattivo: svolazza, loda Dio; si fa ritrarre nei libri di lettura, o in cartolina […]; quando viene la Primavera, lui l'annuncia, è utile alla società, anzi pare un po' il servitorello della Primavera, della Maestra…
>
> Al confronto l'oseleto è uno scalzacane. Non sa niente, non sa le poesie a memoria, non entra nei dettati, nei libri, nei pensierini… Non pare che abbia alcuna funzione, non interessa alle persone istruite. Eppure tutti sanno che ha una qualità che all'altro manca: è vivo […].

In effetti la scuola, nell'intento sacrosanto di insegnare l'italiano a chi non lo sapeva, ha assunto per decenni posizioni normative e repressive. La lotta per estirpare i dialetti, che si rafforza in epoca fascista in parallelo col bando delle lingue straniere, prosegue fino al secondo dopoguerra. L'italiano che si insegna a scuola, escludendo i dialetti, ignora (di nuovo!) la lingua parlata: nei programmi varati nel 1965 dal ministro Giuseppe Ermini si insiste sull'insegnamento della lingua nazionale, e si dice: «l'insegnante tenga presente che una persona dimostra tanto meglio la sua padronanza di linguaggio, ossia di raziocinio e di gusto, quanto più scrive come parla, e parla come scriverebbe». Eccola di nuovo, la lingua paludata: libera ormai dagli arcaismi e dagli aulicismi che già Manzoni aveva rifiutato, ma rigidamente ossequiosa alla grammatica tradizionale, poco vivace e poco duttile.

C'è ancora qualche traduttore che, oggi, esita a scrivere *cosa?* al posto di *che cosa?* O qualche revisore che si intestardisce a correggerlo? Anno 1963: Italo Calvino, collaboratore della Einaudi, si trova a difendere la scelta di una traduttrice accusata, appunto, del peccato di semplificazione:

Cosa? per *Che cosa?* E qui perdo la pazienza. Con tutto il lavoro che la letteratura creativa ha fatto per dare all'italiano scritto l'immediatezza d'una lingua viva, e con tutto il movimento d'idee che la linguistica moderna ha suscitato in ogni campo della cultura facendo del fatto «linguaggio» un tutto mobile e organico, coi suoi mutui scambi tra parlato e scritto, le sue salite e le sue discese, eravamo da un pezzo convinti che i cultori dello sciocchezzaio puristico fossero confinati tra i Bouvard e Pécuchet di certe rubrichette di quotidiani e settimanali. *Cosa?* per *Che cosa?* si usa, ed è sacrosanto usarlo, perché è più breve, perché serve a eliminare un *che* (la ripetizione dei che, flagello d'ogni essere scrivente), non toglie chiarezza al discorso, e soprattutto entra nella logica delle semplificazioni attuate via via attraverso i secoli dall'italiano e dalle altre lingue neolatine.

Mobile, capace di salite e di discese, di scambi tra scritto e parlato; in una parola, viva: questa è la lingua comune, declinata dalla sapienza di scrittori, traduttori, scriventi che ne sanno mettere a frutto la duttilità. Oggi il 90% della popolazione parla italiano: non il fiorentino di Manzoni o di Pinocchio, ma una lingua variegata – come tutte le lingue – che assimila gli apporti delle parlate regionali e delle lingue straniere; e un italiano che ha strati diversi, dai codici specialistici e settoriali ai gerghi (→ 1.2). Sono arrivati la radio, la televisione, le canzoni, internet e i social media. E la letteratura ha perso da tempo il suo ruolo di modello linguistico. Ma forse è proprio da questa perdita che discendono i residui paludati e parrucconi. Il paradosso è solo apparente: tanti scrittori, come Calvino, lavorano sull'italiano per renderlo moderno e agile; per ripulirlo di scorie fuori moda; per raggiungere precisione ed economia. Ma gli scrittori, appunto, non sono più un modello diffuso. Mentre circola la lingua, meno sorvegliata, dei mezzi di comunicazione, e quella dei libri di intrattenimento. Che, guarda caso, sia per trascuratezza, sia per insicurezza grammaticale, sia per tendenza conservativa propongono un italiano che è spesso malato di perbenismo: rispettoso delle regole grammaticali – anche quelle superate – forbito, vecchiotto. Quell'italiano che un altro scrittore, Francesco Pacifico, ha ritrovato in un gruppo di romanzi esposti sui banchi delle librerie: «Il generone italiano del romanzo commerciale ma non vergognosissimo è una categoria vasta di libri di case editrici grandi e potenti o piccole e stimate che ricevono dalla stampa il trattamento da romanzo serio e dal mercato il trattamento da macchina da soldi». Tutti romanzi accomunati da quello che Pacifico chiama «sound anticato».

5.3   Egli, e l'esame di lettere

Questo strano impasto di inerzia e bisogno di rassicurazione spiega, forse, le emergenze di un registro talvolta troppo paludato o sostenuto nelle traduzioni di oggi. Il rischio è strisciante, i segni sono spesso minimi.

La precedenza, dunque, a un problema piccolo, ma diffusissimo: la resistenza dei pronomi *egli, ella, essi, esse* al posto di *lui, lei, loro*. Un anacronistico divieto scolastico che, a tratti, ancora sopravvive è una probabile ragione. E, certo, agisce il fantasma di una tradizione grammaticale che, per secoli, ha sanzionato l'uso dei pronomi complemento in funzione di soggetto.

Nella prosa ottocentesca dominano in generale *egli, ella, essi,* anche se *lei, lui, loro* sono presenti, ma di solito collegati a parlanti popolari o a situazioni colloquiali. Una presa di posizione radicale arriva con Manzoni. Nel passaggio dalla prima alla seconda edizione dei *Promessi sposi* si sopprimono i pronomi soggetto *egli, ella, essi* introducendo frasi a soggetto zero, o utilizzando *lei, lui, loro* come soggetti (ella ha intenzione → lei ha intenzione; l'aspettato era egli → l'aspettato era lui). Nella quarantana *ella* rimane una sola volta, nel capitolo v, quando don Rodrigo chiede a fra Cristoforo «Vuol dunque far credere ch'ella tenga dai navarrini?». Manzoni percepisce dunque l'alternativa come opposizione non a livello linguistico, ma stilistico, e conserva *ella* in un dialogo formale, addirittura pomposo. Una situazione confermata dagli usi epistolari, dove *egli, ella, essi* compaiono, da metà Ottocento, sempre meno, ma resistono in contesti formali, mentre *lei, lui, loro* vincono in situazioni più familiari.

Dunque non è Manzoni a introdurre *lui* in funzione di soggetto, che era già presente nella prosa ottocentesca; è lui però ad amplificarne l'uso, fino a che la situazione si capovolge e *lui* diventa la norma, mentre *egli* assume il ruolo di variante marcata, che segnala una scelta particolarmente letteraria.

In sintesi, l'uso di *lui, lei, loro* in funzione di soggetto è oggi non solo accettato ma rappresenta lo standard dell'italiano corretto, mentre *egli* va riservato alle scritture molto formali, oppure a quelle tecniche. Altrove, è stridente. E segnala imbarazzo: il linguista Lorenzo Renzi ha raccontato che in un contesto relativamente impettito come l'esame universitario di lettere *egli* compare, sì: ma non in bocca ai professori, bensì agli studenti. Che si appoggiano a un residuo di tradizione letteraria come a una rassicurazione.

Per chiudere, la presa in giro che Pontiggia riserva all'uso di *ella* come pronome allocutivo. Poche righe che non hanno bisogno di commenti:

> Ella: pronome personale usato come vocativo in conferenze stampa scenografiche. L'intervistato che, dopo una pausa pensosa, stringe l'apice del naso tra il pollice e l'indice, e dice al giornalista: «Come ella avrà notato, il mercato dell'automobile in questi anni...». E il giornalista, rapito dall'investitura pronominale, che risponde: «Ella però vorrà consentire che...». Esempio di promozione grammaticale.

5.4   *Non succede solo coi pronomi*

Questo è un passo dalla *Nuova enciclopedia* (scritta negli anni quaranta, ma pubblicata nel 1977) di Alberto Savinio:

> Lina Presotto, la mia formosa e alacre domestica che pochi giorni sono lasciò il mio servizio per esordire nel varietà, parlando con me o con mia moglie o con i miei figli usava il verbo *aspettare*, ma al telefono usava il verbo *attendere*. [...] Nella terza edizione del Furioso, Ariosto cambiò tutti gli attendere in altrettanti aspettare. Resta a vedere se è meglio prendere esempio dal nostro Lodovico o da Lina Presotto, la mia domestica alacre e formosa, passata or non è molto ai fasti del varietà.

La coppia aspettare/attendere entra in un gruppo abbastanza folto di alternative simili (arrivare/giungere; finire/terminare; succedere/accadere; mandare/inviare; capire/comprendere; recarsi/andare; conseguire/prendere...). Ho elencato, di proposito, verbi che nominano azioni frequenti, quindi molto usati. Nell'una o nell'altra forma. La nostra sensibilità di parlanti ci dice che il primo termine della coppia è sempre il più comune, il secondo quello un po' più formale, o letterario. Divaricazioni di registro sottili, che i dizionari ancora non registrano (con poche eccezioni: il GRADIT classifica *recarsi* come meno diffuso di *andare*). Ma questo è un caso dove la sensibilità linguistica personale deve farsi carico di una responsabilità: evadere dalle scelte inerziali, e riconoscere gli scarti, anche i più sfumati.

Eppure. Gli allotropi (o forme diverse di una stessa parola) marcati da un diverso livello linguistico sono molto frequenti anche nell'italiano di oggi. Facciamo un esperimento: chi ha incontrato, almeno una volta negli ultimi mesi, il verbo *sorbi-*

re, invece di *bere*, in una traduzione? Immagino (temo) molti, moltissimi. Spesso anche le scritture più rilassate grondano di forme sussiegose. Con risultati che sfiorano, talvolta, il ridicolo involontario. Nelle frasi che Francesco Pacifico cita come portatrici di sound anticato (→ 5.2) compaiono verbi come *sopraggiungere*, o *contendere*. Scelte diffuse, sulle quali mi trovo spesso a intervenire quando faccio l'editing. Prelevo una breve serie di esempi dalla traduzione di un romanzo contemporaneo dove la lingua (non europea) di partenza, mi assicura il traduttore, non ha traccia di innalzamenti formali. Dunque, le soluzioni elencate qui non sono una scelta di registro motivata da esigenze dell'originale, ma momenti di inerzia e allentato controllo sull'italiano che, in pieno accordo col traduttore, sono stati cambiati come segue:

Non ne ho mai compreso il motivo → Non ne ho mai capito il motivo; Ho potuto finalmente comprendere → Ho potuto finalmente capire; Aveva appreso che il fratello minore stava per lasciare la ditta → Aveva saputo che il fratello minore stava per lasciare la ditta; L'unica novità che ho appreso → L'unica novità che ho saputo; Di solito si recava → Di solito andava; intende recarsi nella mia cittadina natale → intende andare nella mia cittadina natale; Oggi mi sono recato al lavoro → Oggi sono andato al lavoro; Gli ho rivolto la stessa domanda → Gli ho fatto la stessa domanda; Ho deciso di attendere le sue mosse successive → Ho deciso di aspettare le sue mosse successive; Le ho consigliato di attendere → Le ho consigliato di aspettare; non commetterò altre sciocchezze → non farò altre sciocchezze; mi ha conferito un po' di serenità → mi ha dato un po' di serenità; Erano trascorsi solo pochi secondi → Erano passati solo pochi secondi; Avevo trascorso gli ultimi giorni → Avevo passato gli ultimi giorni; esternare certe affermazioni per poi negarle → fare certe affermazioni per poi negarle.

Dettagli? No: specialmente quando il sinonimo di registro più alto è frequente, la pagina acquista un colore formale che, se non corrisponde alle intenzioni del testo fonte, finisce per proporre un italiano infarcito di quelle che Walter Siti ha chiamato «frasi inamidate da libro di lettura». L'etichetta, Siti la appioppa, nel romanzo *Exit strategy* (2014), a un personaggio che si sforza di essere all'altezza dell'io narrante, senza riuscire a emularne il parlato colto, mescidato, paradossale, blasé. Nella sua rincorsa verso una incerta scalata socio-culturale, il personaggio (che dice per esempio *comprendere* invece di *capire*) raggiunge piuttosto una forma di «sottomissione linguistica». E qui torniamo alla Lina di Savinio.

Le parole in punta di forchetta, il sussiego verbale sono, insomma, un indizio che spesso smaschera chi maneggia l'italiano senza sicurezza. E cerca di farsi scudo del parlar difficile. La nobilitazione è anche, lo ha segnalato Antoine Berman in pagine più citate che rispettate, una delle tendenze deformanti tipiche della traduzione. Il problema si ripresenta in mille declinazioni. Una delle più divertenti è la storiella raccontata dallo scrittore Ugo Cornia:

[…] quando scriviamo tendiamo a correggere, a nobilitare, usando forme auliche, pompose. L'esempio che faccio è quello di Benati che si era messo a tradurre un racconto di Beckett e aveva lasciato perdere perché gli sembrava che Beckett andasse a cento all'ora, mentre lui no. L'incipit, in inglese, è «I was feeling awful». Lui provò col dialetto emiliano, «A stev mel», stavo male. Un traduttore precedente aveva fatto: «Avevo una tarantola di inquietudini in petto».

Gli scrittori sono, insomma, in prima linea nel temere, e denunciare, gli abusi linguaioli. Qualche anno fa due saggi si sono occupati dello stesso tema, le traduzioni del *Castello* di Franz Kafka. Il primo, intitolato *Una frase*, è di Milan Kundera. Il secondo, intitolato *Translating Kafka*, è di J.M. Coetzee.

Lo scritto di Kundera si concentra sulla frase che descrive il primo incontro amoroso di K. e Frieda, e confronta il testo originale con tre diverse versioni francesi, soffermandosi con attenzione minuziosa sulle scelte lessicali dei traduttori, e sulla loro mancata aderenza all'originale. Bersaglio polemico è, sempre, l'assenza di precisione, che si manifesta in particolare nel

> bisogno di usare un'altra parola in luogo di quella più ovvia, più semplice, più neutra (*penetrare* invece di *essere*, *camminare* invece di *andare*, *sferzare* invece di *passare*).

La tendenza a sinonimizzare là dove l'autore ripete è un pericolo, e Kundera lo dimostra analizzando lo slittamento che la variazione lessicale determina in caso di metafore; la perdita del valore semantico e ritmico che la rinuncia a ripetizioni introdotte consapevolmente dall'autore comporta; il sovvertimento di personalità stilistica che la ricchezza di vocabolario determina in un testo caratterizzato dalla ricorsività del lessico.

> Kafka dice *andare*, i traduttori *camminare*. Kafka dice *nessun elemento*, i traduttori *nessuno degli elementi, nulla di comune, non un solo elemento*. Questa pratica sinonimizzatrice, in ap-

parenza innocente, quando viene applicata in modo sistemati-co finisce inevitabilmente con l'attenuare il pensiero originale.

Il tema della sinonimizzazione indebita è cruciale in un autore dal vocabolario volutamente esiguo come Kafka. Su questo in-siste anche Coetzee confrontandosi, invece che con le francesi, con le traduzioni inglesi del *Castello*:

> Il traduttore, una volta individuata una varietà di inglese che fac-cia giustizia alla varietà di tedesco di Kafka, non deve utilizzare spesso la leva del cambio. Anzi, la tentazione da evitare è quella di introdurre una ricchezza linguistica che è assente nell'originale.

Il processo è perfettamente analogo a quello descritto da Kun-dera: la costante disposizione del traduttore a variare, e a com-plicare, le scelte espressive dell'autore, specialmente quelle più comuni. Coetzee propone, tra gli altri, un esempio parlante: «aveva costantemente la sensazione» diventa «era posseduto dalla sensazione».

5.5   Mr Micawber e il cavalier Laonde

Altro è naturalmente il caso di un autore che utilizza, con con-sapevoli fini stilistici, una lingua in falsetto. Magari per re-stituire la voce peculiare di un personaggio. Come un attore secondario ma indimenticabile del *David Copperfield* (1849-50) di Dickens, Mr Micawber. Che entra in scena così:

> «This,» said the stranger, with a certain condescending roll in his voice, and a certain indescribable air of doing something

genteel, which impressed me very much, «is Master Copperfield. I hope I see you well, sir?»
I said I was very well, and hoped he was. I was sufficiently ill
at ease, Heaven knows; but it was not in my nature to com-
plain much at that time of my life, so I said I was very well,
and hoped he was.
«I am,» said the stranger, «thank Heaven, quite well. I have re-
ceived a letter from Mr. Murdstone, in which he mentions that
he would desire me to receive into an apartment in the rear of
my house, which is at present unoccupied – and is, in short, to
be let as a – in short,» said the stranger, with a smile and in a
burst of confidence, «as a bedroom – the young beginner whom
I have now the pleasure to –» and the stranger waved his hand,
and settled his chin in his shirt-collar.
«This is Mr. Micawber,» said Mr. Quinion to me.

L'onda sonora bonariamente condiscendente della voce di Micawber e le sue pretese altisonanti sono preannunciate dalla voce del narratore e si concretizzano, entro il discorso diretto, in
un inglese pomposo e caricaturale, che arriva addirittura ad au-
tocompendiarsi in parole comuni («"in short," said the stranger, with a smile and in a burst of confidence»). La lingua di
Micawber è quella che, in un altro punto del romanzo, sarà definita «this formal piling up of words» e poi, ancora, «a great
parade of them [words]». Qui sì che il traduttore potrà, e dovrà,
attingere al repertorio più paludato e *démodé* dell'italiano da libro di lettura. Riporto, tra le diverse versioni disponibili, quella
del 1939 di Enrico Piceni, che mi pare ancora capace di riprodurre la stravaganza verbale di Micawber trasmettendone, insieme, l'assurdità e la dolorosa simpatia:

«Ah! Questo» disse lo sconosciuto, strascicando la voce con un tono di condiscendenza e con un'indescrivibile aria di pronunciar cose nobili, memorabili, che mi impressionarono vivamente «è dunque il signorino Copperfield. Voglio sperare, signore, che godiate ottima salute!».

Gli dissi che stavo benissimo, e che altrettanto speravo di lui. Dio sa quanto stessi male, in realtà, ma non era proprio del mio carattere, allora, il lagnarmi: e così dissi che stavo benissimo e che altrettanto speravo di lui.

«Io sto» disse lo sconosciuto «e ne rendo grazie al Cielo, molto bene. Ho ricevuto una lettera del signor Murdstone, lettera nella quale egli accenna al suo desiderio che io accolga in un appartamento situato nel retro della mia casa, e al presente vuoto… e che, in breve è da affittare, come… in breve» disse lo sconosciuto con un sorriso e uno slancio di confidenza «… come camera da letto… il giovane esordiente che ho in questo momento il piacere di…» e lo sconosciuto agitò la mano nell'aria e accomodò ben bene il mento nel colletto.

«Questo è il signor Micawber» mi disse il signor Quinion.

La caricatura del parlare artificiale è ricorrente. Quarant'anni dopo Mr Micawber, il romanziere italiano Emilio De Marchi ne propone una reincarnazione specializzata in connettivi: nel *Demetrio Pianelli* (1890) c'è un personaggio che infarcisce i suoi scritti di avverbi e congiunzioni paludati e altisonanti. Meritandosi un soprannome memorabile, il cavalier Laonde:

Egli non si sarebbe mai permesso, per esempio, nemmeno una timida osservazione sui molti laonde che il cavaliere seminava ne' suoi periodi e nelle sue relazioni al Ministero, e fingeva di

non capire lo scherzo, quando qualche burlone degli altri uffici gli dimandava notizie del *cav. Laonde.*

Insieme a *laonde,* tra gli zimbelli dei colleghi del ministero ci sono
adunque, avvegnaché, imperciocché. Paroloni che, mezzo secolo
prima, ancora circolavano in molti romanzi italiani, e di cui, alle
soglie del nuovo secolo, uno scrittore può farsi beffe. Evidenziando così un sistema a due velocità: le parti invariabili del discorso
(avverbi, preposizioni, congiunzioni) sono facilmente soggette a
inerzia e, mentre parlanti più avvertiti ne registrano l'invecchia-
mento, altri vi si aggrappano come a una rassicurazione.

Inerzia, insofferenza, golosità linguaiola: il rapporto coi paroloni obsoleti si colloca in uno dei vertici di questo triangolo.
Prendiamo un'altra congiunzione-manifesto: *conciossiacosaché,* diventata proverbiale anche perché compare all'inizio di
un classico della letteratura italiana, il *Galateo* (1558) di Mon-
signor Giovanni Della Casa. E perché è stata protagonista di un
piccolo aneddoto letterario: negli anni settanta del Settecento il
giovane Vittorio Alfieri, aperto il *Galateo* e imbattutosi nel *conciossiacosaché,* seguito per giunta da un lungo periodo «cotanto
pomposo e sì poco sugoso», non tollera di proseguire la lettura,
e butta il libro dalla finestra. Gesto teatrale e scalpitante che se-
gna, nella storia della nostra lingua, un balzo simbolico verso
il futuro. Passano un paio di secoli e la congiunzione riappare,
trasformata però in oggetto di un culto schizzinoso e parolaio.
Giorgio Manganelli, gran sacerdote di quel culto, così ricama
sul *conciossiacosaché*:

> È un trauma fonico e sintattico. A tanto clangore retorico il let-
> tore moderno o anche recente si adonta ed impenna […]. Parola
> mista, codesto conciossiacosaché: clangoroso, come il metallico

dischiudersi di un portone da palazzo, ma per nulla intimidatorio; è infatti parola lenta, lunga, e presuppone il dipanarsi di una ben modulata matassa sintattica, un procedere assennato e sapiente di periodi ben lavorati; dunque quel conciossiacosaché non vuol essere impervio e dotto, ma accogliente, invitante [...].

Un complicato entusiasmo, e una lontananza ormai irrecuperabile.

Dunque, avverbi e congiunzioni sono indicatori molto sensibili della temperatura stilistica di un testo. Ho letto di recente, con un certo fastidio, l'avverbio *immantinente* in un romanzo italiano appena pubblicato: scelta un po' pomposa, che stonava con la tessitura volutamente piana della pagina. E ho invece apprezzato, nonostante la diversa sonorità, la scelta di rendere l'inglese «Yet the long sentence has advantages» con «Ciò nondimeno, la frase lunga ha i suoi vantaggi» perché il saggio di W. Somerset Maugham da cui la citazione proviene (che risale agli anni cinquanta) è caratterizzato da una prosa sostenuta e volutamente innalzata sopra l'inglese medio (*ciò nondimeno* è marcato dal GRADIT come BU, termine a basso uso).

Per concludere: benissimo, in traduzione, la lingua aulicheggiante (magari attingendo al magazzino del cavalier Laonde), se il testo di partenza la richiede. Male, immetterla nella pagina senza una necessità riconosciuta.

5.6   *I classici e il jet-lag*

I cattivi sono scellerati, le loro azioni turpi, i padri incliti: un caso particolare della lingua parruccona è quello delle traduzioni dei classici antichi. Il fenomeno si collega all'influenza conservativa della scuola; ma anche, secondo alcuni, alla diffusione, a partire dagli anni sessanta del secolo scorso, della letteratura greca e latina in edizioni economiche, dove le versioni sono state affidate sempre meno a traduttori e scrittori, e sempre più spesso a studiosi. Un passaggio di testimone che reagisce a ogni forma di attualizzazione e punta alla resa iperletterale dei testi antichi, con abbondanza di calchi sintattici e lessicali. Ne è derivata una vera e propria vulgata: i classici tradotti, oggi, si aggiornano poco, e parlano piuttosto un metalinguaggio ad altissimo tasso di standardizzazione – che si trasforma fatalmente in una varietà di anti-italiano. Nulla a che fare con quella lingua, musicale e tonante, che risuona ancora nella memoria chi a scuola si lasciava stregare dal «Cantami o diva» di Vincenzo Monti: una lingua, quella di Monti, che era contemporanea a sé stessa, mentre le note alte di oggi stridono anche perché rendono l'antico in una variante diversa sì, ma ugualmente datata. Lo sapeva Cesare Pavese, editor della traduzione dell'*Iliade* di Rosa Calzecchi Onesti (1950):

> La tradizione neo-classica è tale che a volte forza la mano alla traduttrice e le fa disegnare troppo nobilmente i passaggi, le concordanze, le subordinazioni.

Dalla tradizione neoclassica, la versione Calzecchi Onesti si liberò brillantemente, anche grazie alla revisione meticolosa di Pavese, cacciatore di residui paludati:

> Meglio che *uccisore d'uomini* mi pare *assassino*. È uno di quei casi in cui una violenta parola parlata invece di una perifrasi solenne, suona meglio.

Ma il problema resiste. Lo denuncia, oggi, un classicista che si
è molto occupato di lingua delle traduzioni, Federico Condello:

> siamo inclini a impoverire il nostro lessico in virtù di corri-
> spondenze dizionariali invalse che descrivono un mondo clas-
> sico abitato solo da «fanciulle» e «fanciulli» (mai, per carità,
> da «ragazze» e «ragazzi»), o tormentato da crimini terribili co-
> me la «tracotanza» (di che si tratterà mai?); un mondo classico
> dove non si «critica» mai, ma si «biasima»; dove non capitano
> mai «disgrazie», ma sempre «sciagure»; dove non «si arriva»
> mai, ma «si giunge». E via elencando, in una lista di automati-
> smi che potrebbe non aver fine […] esempi doviziosi di simili
> fenomeni si possono trarre da pressoché ogni genere della let-
> teratura antica in traduzione.

Gli fa eco, tra gli altri, uno scrittore, Valerio Magrelli:

> Sì, è una sorta di singolare jet-lag traduttorio. Quando si tra-
> duce si retrocede: ci si accorda spontaneamente su una lingua
> letteraria di molti, molti anni fa.

Quella dei classici è dunque una varietà ipercaratterizzata di
non-italiano: l'iniezione di lessico paludato, e di calchi sintattici impensabili oltre lo spazio della traduzione creano a un altrove comunemente accettato come «lingua dei greci e dei latini in
italiano». Una terra di nessuno riconoscibile proprio per i tratti che la allontanano dell'italiano vivo (senza, di fatto, avvici-
narla alla lingua fonte). Ma, anche in questo caso, quella terra
di nessuno può trasformarsi in un laboratorio di innovazione,
dove la scuola e i traduttori, rilevato il problema, dovranno im-
pegnarsi a superarlo.

5.7   *L'antilingua del brigadiere*

Abbiamo parlato di parole e di forme impennacchiate, pompose, anticheggianti. C'è un altro modo di allontanare la scrittura dalla vita. Lo ha denunciato Italo Calvino in un saggio citatissimo, il cui titolo è diventato proverbiale: *L'antilingua*. Rileggiamo, tutto d'un fiato, l'inizio:

> Il brigadiere è davanti alla macchina da scrivere. L'interrogato, seduto davanti a lui, risponde alle domande un po' balbettando, ma attento a dire tutto quel che ha da dire nel modo più preciso e senza una parola di troppo: «Stamattina presto andavo in cantina ad accendere la stufa e ho trovato tutti quei fiaschi di vino dietro la cassa del carbone. Ne ho preso uno per bermelo a cena. Non ne sapevo niente che la bottiglieria di sopra era stata scassinata». Impassibile, il brigadiere batte sui tasti la sua fedele trascrizione: «Il sottoscritto essendosi recato nelle prime ore antimeridiane nei locali dello scantinato per eseguire l'avviamento dell'impianto termico, dichiara d'essere casualmente incorso nel rinvenimento di un quantitativo di prodotti vinicoli, situati in posizione retrostante al recipiente adibito al contenimento del combustibile, e di aver effettuato l'asportazione di uno dei detti articoli nell'intento di consumarlo durante il pasto pomeridiano, non essendo a conoscenza dell'avvenuta effrazione dell'esercizio soprastante».

Il racconto, in questo caso, è più efficace di mille argomenti. Ma arrivano anche quelli:

> Ogni giorno, soprattutto da cent'anni a questa parte, per un processo ormai automatico, centinaia di migliaia di nostri

concittadini traducono mentalmente con la velocità di macchine elettroniche la lingua italiana in un'antilingua inesistente. Avvocati e funzionari, gabinetti ministeriali e consigli d'amministrazione, redazioni di giornali e di telegiornali scrivono parlano pensano nell'antilingua. Caratteristica principale dell'antilingua è quello che definirei il «terrore semantico», cioè la fuga di fronte a ogni vocabolo che abbia di per se stesso un significato, come se fiasco stufa carbone fossero parole oscene, come se andare trovare sapere indicasse azioni turpi. Nell'antilingua i significati sono costantemente allontanati, relegati in fondo a una prospettiva di vocaboli che di per se stessi non vogliono dire niente o vogliono dire qualcosa di vago e sfuggente. [...] dove trionfa l'antilingua – l'italiano di chi non sa dire «ho fatto» ma deve dire «ho effettuato» – la lingua viene uccisa.

L'antilingua del brigadiere è in effetti un malanno parallelo ma diverso rispetto alla lingua altisonante e parruccona. Non pesca nella scatola dei gioielli di famiglia, ma negli scaffali del catasto e nei comunicati aziendali. L'origine psicologica è la stessa: la paura dell'italiano limpido e normale. Il sintomo è diverso: non affollamento di anticaglie, ma diluviare di parole e forme burocratiche. E diversa è l'origine storica: mentre la lingua parruccona si nutre di forme residuali della tradizione letteraria, che è rimasta in uso con pochi mutamenti dal Trecento all'Ottocento, l'italiano burocratico è legato a una svolta sociale importante dell'Italia novecentesca. Negli anni sessanta, mentre il paese si modernizza, anche la lingua cambia. È Pier Paolo Pasolini a cogliere i segni del nuovo, argomentando che, per la prima volta nella storia, i luoghi di elaborazione della lingua non sono più le Università, ma le aziende; e che il suo centro di irradiazione non è più Firenze, ma le città industriali del Nord, sull'asse Milano-Torino. Scompaiono i dialetti, e si diffonde il linguaggio tecnocratico. Le tesi di Pasolini suscitano un dibattito vivace, nel quale entra anche Calvino, che porta in scena la sua antipatia per la parola pesante e approssimativa: l'italiano tecnologico di cui Pasolini annuncia la nascita potrà, come ogni innesto, arricchire la lingua; ma «se si innesta sull'antilingua ne subirà immediatamente il contagio mortale, e anche i termini tecnologici si tingeranno del colore del nulla».

Il concetto di antilingua ha dunque una data di nascita (1965), e si sviluppa in un contesto storico preciso, definito dai mutamenti socio-politici dell'Italia del boom economico, e dalle nuove questioni linguistiche sollevate da Pasolini. Però, come accade alle intuizioni geniali, l'etichetta ha resistito agli anni e ai cambiamenti, ed è ben applicabile a un malessere analogo nell'italiano di oggi.

Giuseppe Antonelli ha trovato, per lo stesso fenomeno, un altro nome, e ha parlato di esattismi: «quei modi finto-precisi e inutilmente affettati che ormai sembrano molto in auge anche nelle redazioni giornalistiche e editoriali». E ne ha rintracciato un esempio memorabile: sul banco di un salumiere sta appoggiato un cartello con la scritta «Non si effettuano panini».

Molte traduzioni non sono immuni da forme lievi del problema: *antistante* e *retrostante* sembrano ancora, talvolta, preferibili a *davanti* e *dietro*, il *verbo* fare scatena girandole di sinonimi. E via di seguito. E capita, anche più spesso, che l'antilingua si insinui non nella traduzione, ma nella revisione. Ricordo pochi esempi, che arrivano sempre dalla mia esperienza editoriale: «taking an afternoon nap», tradotto in «mentre schiacciava il sonnellino pomeridiano» era stato cambiato da un redattore troppo zelante in «ancora assopito nel riposo»; mentre «Underlying the antipolitician sentiment was a desire», tradotto in «Dietro questo sentimento antipolitico c'era un desiderio» ha subito un'arzigogolata metamorfosi in «Dietro questo sentimento antipolitico si era catalizzato un desiderio». Ancora, «He paints a violence-ridden, splintered city», tradotto in «Ritrae una città divisa e violenta» era diventato, nelle mani del revisore, «Ritrae un centro urbano diviso e violento». E l'ultimo: «faire rien pour elle», ovviamente reso in «fare niente per lei», è diventato «fare alcunché per lei», incorporando un pronome antiquato (così lo definisce qualunque dizionario) al punto da rasentare il ridicolo involontario.

La forbice è curiosa: l'antilingua, come la lingua pomposa e artificiale, è ormai da decenni oggetto di prese in giro, di accuse, di ostracismi da parte di grammatici e scrittori. Ma resiste.

Con un risultato che a me sembra di poter descrivere, semplificando, come una forbice tra la disposizione aperta, sperimentale di chi maneggia la lingua con sicurezza (Luca Serianni ha indicato la compresenza di tratti colloquiali e di soluzioni ricercate come tratto distintivo della scrittura professionale, in particolare del miglior giornalismo); e il tendenziale conservatorismo di chi ha meno dimestichezza con la parola, e tende più o meno consciamente a immettere nella scrittura, o nel parlato più controllato, forme di autopromozione stilistica. La lingua degli alcunché, degli antistante e retrostante, del recarsi e dell'attendere non è la lingua alta: è spesso quella, impacciata e insicura, dei nuovi semicolti.

5.8   *Stanno sopraggiungendo gli sbirri*

Fruttero & Lucentini hanno lavorato molto come editor, tradotto molto e scritto molto. Ricavando, dalle tante facce della loro esperienza, precetti semiseri, traboccanti di affilato buonsenso e di intelligenza beffarda, sul mestiere di tradurre. Visto che *repetita iuvant*, ne spigolo tre, per ricapitolare con le loro parole un po' dei temi toccati fin qui.

> «Cribbio, stanno sopraggiungendo gli sbirri.» Un traduttore che così decidesse di volgere il grido di un narcotrafficante di Los Angeles potrebbe poi, in una eventuale contestazione, dimostrare agevolmente al giudice che la sua versione è corretta, fedele e degna di pronto pagamento. [...] in bocca a Jean Valjean, a un vecchio pirata di Stevenson, a un truce oste fiammingo di Simenon, quelle parole non striderebbero affatto.

Una versione corretta e fededegna è, fuori dall'ironia di F&L, quella che afferra, assieme al senso letterale, i tratti stilistici e la strategia comunicativa del testo di partenza. Quella che gli scrittori bersagliano è invece una traduzione in costume, che le parole – travestite – collocano in un tempo non lontano ma irrimediabilmente superato. Il tempo in cui si diceva *cribbio*, forse lo stesso in cui Rossella O'Hara diceva *perdindirindina*.

Ora, invece, F&L se la prendono con un traduttore che rende il verbo *to jump* con *sobbalzare*. Col risultato di riempire il suo testo

> d'una quantità di quelle pretenziose (e evitabilissime) «finezze» d'un certo ben noto linguaggio traduttorio, per cui mai nessuno, appunto, salta, ma tutti sobbalzano, nessuno beve mai un

caffè, ma tutti lo sorbiscono, nessuno va, ma tutti si recano o si portano, nessuno guarda la televisione, ma tutti assistono a uno spettacolo televisivo, ecc. ecc. ecc.

Vedi, qui, il paragrafo *Non succede solo coi pronomi* (→ 5.4). Ultima pillola:

Giacché il problema del tradurre è in realtà il problema stesso dello scrivere.

Senza commenti.

*

L'osservazione di Stendhal è in «Rome, Naples et Florence en 1817», in *Voyage en Italie*, che cito dall'edizione Gallimard, Paris 1973. Delle parole pompose dei romanzieri storici, opposte a quelle moderne di Manzoni, si parla in Mariarosa Bricchi, *La roca trombazza. Lessico arcaico e letterario nella prosa narrativa dell'Ottocento italiano*, Edizioni dell'Orso, Alessandria 2000. Il passo di Gadda viene dallo scritto «Apologia manzoniana», pubblicato in *Solaria*, agosto 1924. *The Mysteries of Udolpho* di Ann Radcliffe fu pubblicato nel 1794. Il saggio di Nabokov «On Adaptation» (1969) è in *Strong Opinions*, Vintage, New York 1990. La citazione di Ascoli è nel suo celebre «Proemio» al primo numero della rivista *Archivio glottologico italiano*, del 1873, e si legge oggi in Graziadio Isaia Ascoli, *Scritti sulla questione della lingua*, a cura di Corrado Grassi, Einaudi, Torino 2008. La prima citazione di Meneghello è nella raccolta *La materia di Reading e altri reperti*, Rizzoli, Milano 1997. E quella su *uccellino* e *oseleto* è in *Jura. Ricerche sulla natura delle forme scritte*, Rizzoli, Milano 2003. Lo stralcio dai programmi scolastici Ermini è citato da Tullio De Mauro in *Storia linguistica dell'Italia repubblicana dal 1946 ai nostri giorni*, Laterza, Roma 2014. Il passo di Calvino

160 La lingua è un'orchestra

proviene dal saggio *Sul tradurre*, scritto in risposta al giudizio di Claudio Gorlier sulla versione di Adriana Motti di *Passage to India* di Forster, appena pubblicata da Einaudi, e si legge oggi in Italo Calvino, *Saggi 1945-1985*, a cura di Mario Barenghi, tomo II, Mondadori, Milano 1995. Il saggio di Francesco Pacifico «Il generone della narrativa italiana» è uscito su *minima&moralia* il 5 dicembre 2012 (http://www.minimaetmoralia.it/wp/il-generone-della-narrativa-italiana/). L'episodio degli studenti che usano *egli* durante gli esami è in Lorenzo Renzi, «Le tendenze dell'italiano contemporaneo. Note sul cambiamento linguistico nel breve periodo», *Studi di lessicografia italiana*, 17, 2000. La citazione di Pontiggia viene dal suo *Le sabbie immobili*, Mondadori, Milano 1991. La *Nuova enciclopedia* di Alberto Savinio include voci apparse in origine negli anni quaranta su riviste o giornali, e riunite in volume presso Adelphi nel 1977. Il passo citato viene dalla voce *Attendere*. Il saggio di Antoine Berman è *La traduzione e la lettera o l'albergo nella lontananza*, a cura di Gino Giometti, Quodlibet, Macerata 2003. L'episodio raccontato da Ugo Cornia è nell'articolo di Cristina Taglietti «Impariamo la lingua colloquiale», *Corriere della Sera*, 5 settembre 2014. I saggi di Kundera e Coetzee sono: Milan Kundera, «Una frase», in *I testamenti traditi* (1993), Adelphi, Milano 1994, J.M. Coetzee, «Translating Kafka», in *Stranger Shores. Literary Essays, 1986-1999*, Viking Penguin, 2001. Manganelli ha divagato su *conciossiacosaché* in una prefazione al *Galateo* di Giovanni Della Casa, che si legge oggi nel volume *Angosce di stile*, Rizzoli, Milano 1981. Due saggi utilissimi sulla lingua in cui si traducono i classici, entrambi di Federico Condello, sono «Tragedia e "traduttese" (questione d'esegesi, non solo di gusto)», *Scienze dell'Antichità*, XX/3, 2014 (da cui proviene la citazione); e «Su qualche caratteristica e qualche effetto del "traduttese" classico», in AA.VV., *Disegnare il futuro con intelligenza antica. L'insegnamento del latino e del greco antico in Italia e nel mondo*, a cura di Luciano Canfora e Ugo Cardinale, il Mulino, Bologna 2012. La citazione di Magrelli è in Valerio Magrelli, *Finalmente liberi dai Greci e dai Romani*, intervista a cura di Federico Condello, in *Resistenza del classico*, a cura di Roberto Andreotti, Rizzoli, Milano 2009. Le citazioni di Pavese vengono dalla sua corrispondenza con Rosa Calzecchi Onesti, in Cesare Pavese, *Lettere 1945-50*, a cura di Italo Calvino, Einaudi, Torino 1966. Il saggio di Calvino è uscito per la prima volta sul *Giorno*, 3 febbraio 1965, e si inserisce nel dibattito sulla nuova lingua italiana aperto da Pasolini sulla stessa testata il 2 dicembre 1964. Incluso quindi nella raccolta di saggi *Una pietra sopra. Discorsi di letteratura e società*, Einaudi 1980, si trova ora in tutte le successive ristampe del volume. Sulla nuova questione della lingua, si veda *La nuova questione della lingua*, Saggi raccolti da Oronzo Parlangèli, Paideia, Brescia 1979. Giuseppe Antonelli parla di esattismi in *Un italiano vero. La lingua in cui viviamo*, Rizzoli, Milano 2016. Tutti i passi di Fruttero & Lucentini vengono dal volume *I ferri del mestiere. Manuale involontario di scrittura creativa con esercizi svolti*, a cura di Domenico Scarpa, Einaudi, Torino 2003.

6. L'italiano è ammalato (non grave) di congiuntivite

Il congiuntivo è un tema nazionale: se ne annunciano periodicamente la morte o la rinascita; lo si assume come misura del ben parlare o, all'opposto, si ostenta una trascuratezza venata di aggressività. In realtà un altro aspetto della questione assume peso crescente nell'italiano di oggi, ed è non la carenza, ma l'eccesso di congiuntivi: la congiuntivite è un vizio della lingua, che va riconosciuto, spiegato e, possibilmente, evitato.

6.1 *Sono certa che si usa*

> «Sono certa che il congiuntivo si usa così.» Ecco, l'ho scritto...
> povera me! Eppure sapete cos'è la cosa peggiore? È che quel-
> la frase è oggi considerata corretta nella lingua parlata e negli
> scritti informali! Ebbene sì, lo so, anch'io non volevo crederci.

Trovo questo grido di dolore su internet, nel blog di una scrittrice autopubblicata. E rilevo due inciampi: la frase, per incredibile che sia, è corretta; lo sarebbe stata anche in passato.
Conforti normativi, se ne trovano in abbondanza. Le grammatiche contemporanee, pur nella varietà dei distinguo, concordano nello stabilire che nelle completive rette da verbi, nomi
o aggettivi che esprimono certezza, sicurezza, consapevolezza
l'indicativo prevale sul congiuntivo. Le cose non stavano diversamente in passato: negli anni ottanta dell'Ottocento, la *Sintassi italiana dell'uso moderno* di Raffaello Fornaciari raccomanda
l'indicativo quando il verbo reggente indica percezione sicura,
cognizione, certezza. Tra gli esempi dai primi secoli, una forma
certo + verbo essere in Domenico Cavalca: «Certa cosa è che la
testimonianza di questi santi è molto autentica».

Tuttavia, nell'italiano di oggi, dunque anche nella pratica della revisione editoriale, la questione del modo verbale nelle completive si pone spesso. E spesso nella direzione meno ovvia: testi
che soffrono non di ipo-, ma di iperimpiego del congiuntivo. Il
che innesca curiosità e interrogativi, trasformando la singola questione di grammatica in un caso che dice qualcosa sui movimenti della lingua e sul ruolo dell'editore nell'allestimento del testo.

Curiosità prima di tutto. Per quanto io non sia in grado di
fornire occorrenze in numero statistico, ho sperimentato che il
problema esiste, al punto che mi aspetto di incontrarlo con fre-

quenza quando leggo libri e giornali, e in molti testi sui quali mi trovo a fare l'editing. Sappiamo che, al di là di un luogo comune ormai comunemente ridiscusso, il congiuntivo non sta sparendo dall'italiano, ma è utilizzato con frequenza ragionevole e discreta correttezza non solo nei diversi registri della lingua scritta, ma anche in quella parlata. E certo, un congiuntivo mal coniugato, scambiato col condizionale, o impiegato in un tempo sbagliato è un accadimento infrequente nell'esperienza editoriale, immagino non solo la mia.

Spesseggiano invece i congiuntivi in esubero, sintomi di un processo infiammatorio della lingua che mi diverto a chiamare congiuntivite.

6.2   *Coi congiuntivi come mi gira se mi gira*

Serve una premessa. Che è questa: il congiuntivo è un tema nazionale. Se ne annunciano periodicamente la morte o la rinascita; lo si assume come misura del ben parlare («non sbaglia i congiuntivi») o, all'opposto, lo si invoca per ostentare un'aggressiva solidarietà di stampo populistico col politico di turno («finalmente un uomo del popolo, uno che sbaglia i congiuntivi come noi»). Lo si difende: «Il congiuntivo è un modo distintivo» canta la fortunata canzone di Lorenzo Baglioni presentata a Sanremo 2018. Lo si accusa: uno scrittore molto attento a vezzi e vizi linguistici contemporanei, Aldo Nove, tira in ballo i congiuntivi quando sbandiera la rilassatezza linguistica della sua pagina Facebook. E dichiara:

> Avviso importante agli amici professorini. Oh, io scrivo come
> cazzo ciò voglia di scrivere, coi congiuntivi come mi gira se mi

gira e, eventualmente, con gli anacoluti, le perifrasi involute e tutt'e cose mie eterodosse!

Nove apparenta i congiuntivi senza sforzo ad anacoluti e altre cose involute: tutto un repertorio di contro-etichetta (*cazzo*) e antigrammatica che fa perno, tra i vizi disponibili, su quello a più alta temperatura simbolica. Il congiuntivo intrattiene insomma con la lingua tout-court un rapporto metonimico, di sostituzione: se non sbaglio i congiuntivi so bene l'italiano, e viceversa. Con le implicazioni che ne seguono, ivi inclusa una certa dose di ansia da prestazione. Se congiuntivizzare correttamente è misura della padronanza della lingua, il livello di allerta si alza, e con lui l'insicurezza, la paura di sbagliare, quindi l'incremento della probabilità di farlo. Ma su questo tornerò.

Da un lato esistono dunque regole grammaticali chiare, apparentemente poco negoziabili; dall'altro forme diffuse di trasgressione. Cominciamo dalle regole: nella lingua letteraria, formale o correttamente controllata, il modo della completiva è condizionato dal verbo reggente. La grammatica di Luca Serianni propone un elenco di verbi che reggono il congiuntivo (tra gli altri: *accettare, aspettare, attendere, augurare, chiedere, credere, desiderare, domandare, dubitare, esigere, illudersi, immaginare, negare, permettere, preferire, pregare, raccomandare, sospettare, sperare, supporre, temere, volere*); e uno di verbi che reggono l'indicativo (che include: *accorgersi, affermare, confermare, dichiarare, dimostrare, dire, giurare, intuire, notare, percepire, promettere, ricordare, riflettere, rispondere, sapere, scoprire, sentire, sostenere, spiegare, vedere*). Ci sono poi verbi che, a seconda del significato, sono seguiti dall'uno o dall'altro modo. Per esempio *capire* che, nel senso di «rendersi conto», regge l'indicativo («capisco che sei stanco»), nel senso di «trovare naturale» regge il congiuntivo («capisco che tu abbia fretta di andartene»).

Queste regole, si diceva, sono spesso disattese. Ma l'aspetto più interessante non è la frequenza degli scarti, bensì la loro direzione (troppi congiuntivi, non troppo pochi); e il fatto che questi scarti ricorrono anche in scritti culturalmente avvertiti. Valga questo esempio, che proviene da una fonte insospettabile, la Prefazione all'opuscolo *Italiano lingua viva,* realizzato dal ministero degli Affari esteri e della Cooperazione internazionale in occasione degli *Stati generali della lingua italiana nel mondo 2016.* Ecco il passaggio (mio il corsivo):

> La lingua italiana è infatti la seconda più utilizzata nel panorama delle insegne commerciali in tutto il mondo [...]. *Questo dimostra che*, soprattutto in alcuni paesi, *l'italiano sia considerato* una lingua che piace e fa tendenza…

Il verbo *dimostrare* regge l'indicativo. Una spiegazione – non un avallo! – va cercata nel fatto che l'inciso incrina la progettualità sintattica, allontanando la completiva dalla reggente. Il che potrebbe portare a un errore nel parlato. Ma questo è un testo scritto.

E ora, senza commenti, due stralci da romanzi italiani recenti. Edoardo Albinati, *La scuola cattolica* (2016):

> Inutile *dire che* la famiglia tradizionalmente un uomo *la senta* come un'invenzione e un'esigenza femminile.

Andrea Piva, *L'animale notturno* (2017):

devo aver pensato, essermi illuso che il mio ingresso nella vita del senatore, o il suo nella mia, mi stesse aprendo una porta di benessere economico, non so in che forma ma *sentivo che il mondo mi stesse* venendo di nuovo a cercare.

6.3 Sosteneva che fosse

Le traduzioni, a loro volta, propongono spesso cartelle cliniche affollate. Succede che lo scarto suoni stridente, e dunque sia relativamente indolore l'intervento di editing che ripristina il corretto indicativo. Estrapolo pochi casi di questo tipo da due traduzioni di cui mi sono occupata negli ultimi anni (non indico, qui e più oltre, l'autore, il titolo, né il nome del traduttore). La prima frase proviene da un testo di saggistica inglese, le successive da un romanzo in una lingua non europea:

> È sorprendente *scoprire che* l'abbazia di Westminster *fosse* già un'attrazione turistica nel lontano 1600.

> *Era chiaro* come il sole *che gli frullasse* in testa qualcosa di clamoroso.

> *Era evidente che sapesse* molto bene quello che faceva.

> *Era fin troppo palese che sapessero* qualcosa sul mio conto.

In fase di editing tutti questi congiuntivi, rubricabili come esito di distrazione, sono stati sostituiti – consenzienti i traduttori – con altrettanti indicativi.

Ma altre situazioni sono più complesse. La frase:

[She] acknowledged that the photograph was genuine but *she alleged that it had been taken* while she was walking

mi si è presentata in questa traduzione:

Ammise che la foto era autentica ma *sosteneva che fosse stata scattata* mentre camminava.

La mia reazione di lettore, e di editor, è immediata: un congiuntivo di troppo. Certo, potrei proporre di sostituire il verbo traducente con *dichiarare*, aggirando il problema del modo («dichiarò che era stata scattata»). Scelgo invece di rifletterci sopra, e di approfondire i miei controlli. Il tema del congiuntivo nelle completive ricorre nei quesiti rivolti all'Accademia della Crusca. In risposta, si propone anche qui un elenco di verbi di giudizio o percezione che reggono l'indicativo, tra i quali anche *sostenere* (resa, qui, dell'inglese *to allege*). Come esempio, una frase da *Tre croci* di Tozzi: «Niccolò seguitò, per un pezzo, a sostenere che aveva torto».

Sono dunque in grado di difendere la mia opposizione al congiuntivo con gli argomenti della tradizione normativa italiana: *sostenere* presenta la completiva non come rappresentazione da parte del soggetto, ma come comunicazione di un fatto. E richiede l'indicativo.

Si può a questo punto obiettare che il congiuntivo introduce nell'affermazione una sfumatura di incertezza. Mi soccorre qui un'altra, e risolutiva, linea di pensiero grammaticale: il congiuntivo ha valore nel determinare il senso della dipendente solo quando la scelta tra indicativo e congiuntivo è davvero libera (le due frasi «Cerco un gatto che ha il pelo grigio» e «Cerco un gatto che abbia il pelo grigio» hanno significati diversi).

Quando la scelta del modo è veicolata dal verbo reggente, come accade nelle completive, il modo stesso si svuota di significato. L'uso del congiuntivo non suggerirebbe dunque una sfumatura semantica di incertezza ma, casomai, un innalzamento di registro. Nobilitazione che, a mio parere, il testo non richiede. A questo punto, sono ben consapevole delle ragioni per correggere la traduzione in «sosteneva che era stata scattata».

In realtà, la questione, è tutt'altro che risolta. Si pone prima di tutto il venerabile tema dell'uso. Proprio il verbo *sostenere*, in barba alle raccomandazioni delle grammatiche, arriva a complicare il quadro in una traduzione dall'inglese sul *Corriere della Sera*:

> Wendy Chun, docente dei nuovi media alla Brown University, *sostiene che la rete sia* difficile da definire perché è una metafora opaca.

E in una sulla *Repubblica*:

> Altri giornali *sostengono che sia sufficiente* precisare se un'affermazione è vera o falsa.

Esempi che non si possono ignorare: le disposizioni linguistiche dei maggiori quotidiani italiani hanno, come è ovvio, potere modellizzante. Proviamo, allora, a spiegare. Calo di attenzione, mancato editing, scelta (distrattamente) consapevole? Più probabilmente, uno slittamento di significato. Il verbo sostenere nell'accezione che ci interessa vale, secondo il DISC, «Affermare decisamente, asserire qualcosa con convinzione» (segue un esempio di completiva all'indicativo). Analoga la definizione del Battaglia, che propone però esempi storici divaricati nella scelta del modo. Eccone due: «sosteneva che Lodovico e Carlo fossero decaduti dalle ragioni del feudo» (Girolamo Brusoni) e «Quando non si voglia sostenere che il bello antico è bello perch'è antico» (Niccolò Tommaseo). Una rapida occhiata oltreconfine introduce a questo punto un dettaglio illuminante: il dizionario Collins-Cobuild, alla definizione di *to allege*, da cui siamo partiti, specifica «you say it, but you don't prove it». Se sostenere, come *to allege*, è affermare senza provare, allora uno slittamento semantico nella direzione di *ritenere* o *pensare* è un meccanismo possibile. Certo, lo stesso meccanismo che sta alla base di questo passo, tratto da un articolo della *Repubblica*:

> Altri giornali *sostengono che sia sufficiente precisare* se un'affermazione è vera o falsa. Al *Times* molti giornalisti *pensano che* le posizioni così apertamente ostili a Trump *abbiano indebolito* il giornale e *abbiano fatto il gioco* del leader repubblicano. Quando un giornale sembra entrare nella mischia perde un po' della sua credibilità politica. Ma la maggioranza della redazione *pensa che sia invece necessario* un impegno più forte nel giornalismo minuziosamente fattuale.

«Sostengono che sia sufficiente»: agisce qui, ben riconoscibile, un fenomeno di attrazione retroattiva della costruzione del verbo *pensare*, che regge l'indicativo. Ma è anche ipotizzabile un movimento del senso di *sostenere*, che si avvicina, appunto, al *pensare* che segue.

Di nuovo: questa spiegazione non rende automaticamente accettabile la soluzione sostenere + congiuntivo, né cancella lo stridore di alcuni dei casi che abbiamo analizzato. Ma è un'allerta, che invita chi scrive alla necessità continua di discriminare; e chi rivede all'opportunità del confronto.

6.4   La lingua degli altri

L'editing impone delle scelte di fondo. Da una parte, c'è la decisione di un autore o di un traduttore; dall'altra, la mia idea di correttezza. Suffragate l'una da innegabili presenze nell'uso, l'altra da regole che poggiano, a loro volta, su un sistema di esempi.

Che fare? Sbandierare le grammatiche, o registrare, accettandolo, lo scivolamento del congiuntivo verso territori che non gli appartengono? Normalizzare (cioè difendere la norma), col rischio di una ingerenza editoriale sull'*usus scribendi* di traduttori o autori; o prendere atto della variegata inclusività della lingua? La seconda opzione presuppone la rinuncia all'onere correttorio da parte dell'editor che – anche non condividendole – fa atto di fiducia nella non-casualità delle scelte autoriali. Un credito che, per esistere, deve essere suffragato dalla situazione dell'intero testo, ben oltre i singoli casi di una questione particolare. L'editing, d'altro lato, è anche questo: verifica della consapevolezza stilistica e del grado di responsabilità grammaticale degli autori. E, nel contempo, verifica delle personali tendenze, insofferenze e idiosincrasie linguistiche dell'editor, da dosarsi in equilibrio con quelle, uguali o contrarie, degli interlocutori. Come funzionano le scelte linguistiche degli altri, dunque? E come funzionano le mie?

L'ipotesi di lavoro che faccio più spesso quando incontro un testo altrui affetto da congiuntivite è quella dell'ipercorretismo: uno scrivente che utilizza il congiuntivo in luogo dell'indicativo è forse lievemente insicuro delle proprie competenze linguistiche, e si sente protetto dall'idea ricevuta che il congiuntivo è l'opzione più colta; in caso di incertezza, quella meno rischiosa. Diagnosi, questa, che nessun produttore di congiuntivi in eccesso sottoscriverebbe. Al limite, concedono gli interlocutori, la questione si riduce a un confronto tra lingua parlata e lingua scritta; tra registro alto e registro colloquiale. In effetti, una seconda spiegazione sta probabilmente nella tendenza diffusa a innalzare il livello della prosa. Chi usa troppi congiuntivi spesso predilige le varianti meno comuni (tipicamente, *recarsi* al posto di *andare*), le parole ricercate o appena desuete (quanti *essa* ed *ella*, nelle traduzioni!), le marche burocratiche (gli infestanti *antistante*, *circostante*), in un processo di autopromozione verbale che costeggia pericolosamente la doppia deriva in direzione della lingua parruccona da un lato, dell'antilingua dall'altro (→ capitolo 5).

Infine, un'altra possibile spiegazione, la meno ovvia, e la più sfuggente: al congiuntivo si continua ad attribuire, più o meno consapevolmente, quel valore di codifica dubitativa che risiede in realtà solo nel verbo reggente. Una supposta capacità aggiunta di insinuare incertezza che riesce per alcuni preferibile al taglio netto di affermazioni senza sfumature. Se la mia ipotesi regge, piace la lieve instabilità, il moto ondoso che i congiuntivi superflui sembrano immettere nella pagina; attrae una prosa scivolosa piuttosto che ferma, la suggestione vince sull'affermazione.

Ragioni (se vere) tutte variamente oppugnabili, tuttavia capaci di frenare lo zelo di una redazione interventista. Anche perché il quadro che ho disegnato è persino troppo esemplarmente opposto a quelle che riconosco come mie personali inclinazioni nel maneggiare la lingua. So bene, per esempio, che la disposizione a intervenire contro la congiuntivite riporta alla mia generale insofferenza per ogni sospetto di pompa, di grazia, di ornato. So che il mio doppio fastidio per la lingua burocratizzante o impennacchiata mi porta a preferire le opzioni platealmente immuni da velleità letterarie o seriose, fino al rischio di scivolare a mia volta in una variante di ipercorrettismo. So, soprattutto, che i modelli di scrittura nei quali mi riconosco, che ammiro e che pratico di preferenza come lettore, inclinano verso la precisione, l'esattezza, la capacità della parola di prendere posizione quando dice, e di suggerire tacendo. Il mio privato decalogo non esclude gli estremi dell'esperienza stilistica, dall'atticismo al barocco, a condizione che siano riconoscibili nell'uno e nell'altro mano ferma e minima arrendevolezza alle opzioni linguistiche inerziali. Sono posture di cui avverto, per intervalli di lucidità, la durezza e il pericolo di irrigidimento: è un allarme selettivo, però, che ha ragione di attivarsi solo in caso di confronto, dunque durante la revisione di testi altrui.

6.5   *Diceva che avessero*

Verifico il quadro su un tipico caso che lascia un certo spazio all'orientamento personale. Ancora una traduzione dall'inglese:

> *Some said the sisters were in their nineties*, but whatever their ages none was likely to find it out from them.

La versione che ricevo è:

> *C'era chi diceva che le sorelle avessero superato la novantina* ma, qualunque età avessero, nessuno l'avrebbe mai saputa da loro.

In questo caso la subordinata riporta il punto di vista della voce popolare collettiva, e il verbo *dire* autorizza, secondo grammatica, sia l'uso del congiuntivo sia quello dell'indicativo. La mia scelta personale, tuttavia sarebbe diversa da quella del traduttore: il congiuntivo complica la frase da un punto di vista foni-co-ritmico, senza aggiungere alcuna informazione sulla pura congetturalità della voce, già fornita dalla principale, e ribadita dal segmento *qualunque età avessero*, che segue. Dunque la traduzione che io preferisco e propongo è:

C'era chi diceva che le sorelle avevano superato la novantina...

Anche l'affermazione:

It was already decided *he was* a suitable match for her

tradotta

Era stato già deciso *che fosse* un buon partito per lei

non mi convince. Il verbo *decidere* regge il congiuntivo quando significa «disporre», l'indicativo quando significa «rendersi conto». Tutti avevano già organizzato le cose in modo che il giovanotto risultasse un buon partito? Oppure tutti avevano capito, e condiviso, che il giovanotto era un buon partito? Capisco che la prima possibilità non è assurda. Ma, anche alla luce del contesto, un po' cervellotica sì. Dunque, voto per la seconda interpretazione, e tradurrei:

che era un buon partito

Di nuovo, la lingua degli altri, e la mia. In una situazione però dove è bene che scatti l'allarme: correggere sarebbe (forse?) oltrepassare il confine tra regola e gusto.

6.6   Intervento vs. inquinamento

Tra le verità ovvie, c'è anche questa: l'intervento redazionale sull'assetto sintattico è raramente neutro. Certo, capitano qualche volta errori facili da normalizzare, anche quando entra in gioco l'abuso di congiuntivi. Ancora un esempio dalla mia esperienza editoriale, questa volta da un testo saggistico italiano:

> Risposta inattesa in un uomo che, nonostante avesse vissuto due guerre, attraversato la fame, sofferto l'emigrazione dei figli, *fosse* ancora pieno di energia ed entusiasmo.

Fosse per *era* va forse classificato come errore di ripetizione, dove il congiuntivo precedente è stato oggetto di trascinamento meccanico; certo va emendato.

Ma ben più spesso, nel definire gli errori, le regole grammaticali sono un ombrello un po' bucato. Il caso del congiuntivo è in effetti esemplare proprio perché ogni scelta (anche contestabile) veicola una visione (una distorsione?) della lingua e del mondo, come la decisione di correggere implica una parallela e diversa scelta di campo, e rimanda a una prospettiva sempre rischiosa, confliggente per giunta con quella del traduttore, o dell'autore.

Siamo ben lontani da quel territorio relativamente protetto entro il dominio dell'editing che va sotto l'etichetta di uniformazione. Al revisore è piuttosto richiesto quel doppio esercizio che Nabokov reclamava, con argomenti inoppugnabili, dai redattori del *New Yorker*:

> I shall be very grateful to you if you help me to weed out bad grammar but I do not think I would like my longish sentences

clipped too close, or those drawbridges lowered which I have
taken such pains to lift. In other words, I would like to discri-
minate between awkward construction (which is bad) and a
certain special – how I shall put it – sinuosity, which is my own
and which only at first glance may seem awkward or obscure.
Why not have the reader re-read a sentence now and then? It
won't hurt him.

Qui la questione si pone in modo estremo (l'inglese di Nabokov
era splendido, ma non nativo), quindi didascalico, ma interessa
la lucida delimitazione del ruolo dell'editor: correggere gli errori, non inquinare lo stile.

E in realtà è proprio in un corpo a corpo tra i due modelli linguistici di scrivente e revisore che credo si giochi la questione.

Non perché gli esempi che documentano movimenti della lingua in direzione opposta a quella grammaticale non siano interessanti, ma perché il loro vaglio impone una cautela
ancora maggiore. Ho ipotizzato, a volte, che l'oscillazione tra
indicativo e congiuntivo non sia solo un fenomeno di ipercorrettismo – dunque sintomo di debolezza linguistica –, ma anche indizio di un infragilimento del ruolo di codifica del verbo
reggente, e di una espansione delle potenzialità significanti del
modo nelle completive. Di una direzione, dunque, che l'italiano sta imboccando, contro la quale sarebbe antistorico reagire.
Ma in fondo la storia linguistica è fatta anche di reazioni, inutili, ad azioni sbagliate. E gli smottamenti duraturi hanno tempi lenti. Che non spetta all'editor decifrare.

Nei casi di più rischiosa incertezza, andrà invece determinato volta per volta un discrimine credibile non tanto tra soluzione errata e soluzione corretta, ma tra responsabilità linguistica

dello scrivente e debole consapevolezza delle scelte; tra sistema interrelato di attivazione delle potenzialità della lingua e svista isolata, priva di coerenza col tutto. Nel caso sia documentabile la prima opzione, spetta al revisore editoriale fare un passo indietro. Quando sia invece accertata la seconda tendenza, vince il modello grammaticale, e la visione dell'editor si impone su quella dell'autore o del traduttore, anche a rischio di violenza.

6.7   Grammatica del futuro?

Il processo che ho battezzato congiuntivite non è nuovo, né soggetto a sanzioni solo recenti: un'analisi delle grammatiche scolastiche del secondo Ottocento condotta per iniziativa ministeriale segnalava, tra gli altri problemi, proprio casi di ipercorrettismo nell'uso del congiuntivo (il tipo «afferma che convenga»); e, negli anni trenta del nostro secolo, il filologo Giorgio Pasquali ha preso in giro i professori che imponevano versioni dal latino infarcite di troppi congiuntivi, definendo *coniunctivitis professoria* la loro patologia professionale (sulla lingua delle traduzioni dai classici → 5.6). Il consenso diffuso sulla regola non esclude, insomma, in passato come oggi, incertezze e slittamenti. Anche negli stessi libri di grammatica, o nelle posizioni degli insegnanti.

   Malanno non recente, la congiuntivite mostra ormai alcuni segni di una tendenza a cronicizzarsi. A trasformarsi da processo infiammatorio a processo degenerativo: forse dovremo parlare, invece che di congiuntivite, di congiuntivosi. La lingua, però, funziona diversamente dalla medicina, e un fenomeno che degenera, cioè dilaga, finisce per instaurarsi. In altre parole, quelli che sono errori di oggi potrebbero trasformarsi nei primi segni di una grammatica del futuro. Segni, se così fosse, che possiamo solo intravedere. Scegliendo, al momento, di rispettare la grammatica del presente.

*

Questo capitolo riprende, con diversi cambiamenti (e con una posizione, forse, meno rigida), il mio saggio «Congiuntivite e scrupoli editoriali», pubblicato nel volume *Editori e filologi. Per una filologia editoriale*, a cura di Paola Italia e Giorgio Pinotti, Bulzoni, Roma 2014.

Un primo rimando a proposito del congiuntivo nelle completive è Ulrich Wandruszka, «Frasi subordinate al congiuntivo», in *Grande grammatica italiana di consultazione*, a cura di Lorenzo Renzi, Giampaolo Salvi e Anna Cardinaletti, vol. II. *I sintagmi verbale, aggettivale, avverbiale. La subordinazione*, il Mulino, Bologna 2001. Un panorama delle norme grammaticali in materia di congiuntivo, e dei loro paradossi, è in Dominic Stewart, «Il congiuntivo italiano: modo della realtà? Uno sguardo al congiuntivo nelle grammatiche italiane moderne», in *Intorno al Congiuntivo*, CLUEB, Bologna 2002. La *Sintassi dell'uso moderno* di Raffaello Fornaciari fu pubblicata in prima edizione a Firenze, Sansoni, 1881. Sullo stato di salute del congiuntivo, tre soli riferimenti tra i molti: il saggio di Luca Serianni, «Il problema della norma linguistica nell'italiano», *Annali della Università per Stranieri*, VII, 1986; il volume di Claudio Sgroi, *Dove va il congiuntivo?*, UTET, Novara 2013; e la sintesi di Valeria Della Valle e Giuseppe Patota, *Viva il congiuntivo*, Sperling, Milano 2009. La pagina Facebook di Aldo Nove è citata da Giuseppe Antonelli, *Italiano vero. La lingua in cui viviamo*, Rizzoli, Milano 2016. Ricavo l'elenco dei verbi che reggono indicativo o congiuntivo da *Italiano. Grammatica. Sintassi. Dubbi*, di Luca Serianni con la collaborazione di Alberto Castelvecchi, Glossario di Giuseppe Patota, Garzanti, Milano 1997. Il tema ricorre anche nei quesiti rivolti all'Accademia della Crusca, consultabili sul sito www.accademiadellacrusca.it, alla sezione *Consulenza linguistica.* Sull'irrilevanza del ruolo del congiuntivo nell'introdurre una sfumatura di incertezza quando questa sia veicolata dal verbo reggente, si veda Michele Prandi, *Le regole e le scelte. Introduzione alla grammatica italiana*, De Agostini, Novara 2006: nelle proposizioni completive la «scelta tra l'indicativo e il congiuntivo non è libera ma imposta dal verbo [...], non ha nulla a che fare con la natura dell'evento espresso nella subordinata». La citazione da Nabokov è in una lettera del 1947 a Katherine White in occasione dell'invio di due racconti al *New Yorker.* Si cita da Brian Boyd, *Vladimir Nabokov. The American Years*, Princeton University Press, 1991. Affianco questa citazione sull'atteggiamento degli scrittori di fronte all'editing alle molte discusse da Alberto Cadioli nel suo *Le diverse pagine. Il testo letterario tra scrittore, editore, lettore*, il Saggiatore, Milano 2012. Qualche indicazione, con relativa bibliografia, sul congiuntivo nelle grammatiche scolastiche ottocentesche è nel saggio di Nicola De Blasi «L'italiano nella scuola», in *Storia della lingua italiana*, a cura di Luca Serianni e Pietro Trifone, vol. I. *I luoghi della codificazione.* Del concetto di violenza testuale discute Gianvito Resta, «Sulla violenza testuale», in *Filologia e critica*, XI, 1, 1986. Il saggio di Giorgio Pasquali, pubblicato per la prima volta nel 1933, si legge oggi in *Pagine stravaganti di un filologo*, a cura di Carlo Ferdinando Russo, Le Lettere, Firenze 1994.

A MARGINE

Tratti e trattini

We were walking over the bridge from Place de la Concorde, my
mother and I – arm in arm, like two sisters who never quarrel.

Questo è l'incipit di un bel racconto di Mavis Gallant, *Across
the Bridge*. Al centro della frase c'è un segno molto diffuso nella prosa inglese, ma qualche volta problematico per chi traduce
in italiano: il trattino. Che va, prima di tutto, distinto dal tratto breve: il tratto breve (o *trait-d'union*: il suo uso, oggi consueto in italiano, veniva classificato dai grammatici dell'Ottocento
come francesismo) aggrega singole parole, come *week-end*, o
centro-sinistra; il trattino, o lineetta (*dash* in inglese) è il tratto
lungo, che lavora entro lo spazio della frase.

Nel sistema di punteggiatura anglosassone il tratto lungo ha
un posto ben chiaro: «A dash is a mark of separation stronger
than a comma, less formal than a colon, and more relaxed than
parenthesis», dichiara un manualetto prezioso e, dagli anni cinquanta fino a oggi, diffusissimo nelle redazioni e nelle Università statunitensi, *The Elements of Style* di W. Strunk e E.B. White.
Un segno informale e rilassato, dunque una risorsa – che non
va sprecata.

In italiano è normale l'uso del doppio tratto, in apertura e in chiusura, per isolare un inciso, con una funzione paragonabile a quella che potrebbero svolgere due virgole, o una parentesi. Il tratto che apre e non chiude è invece un segno a lungo trascurato dalla tradizione grammaticale: il primo a registrarlo è stato, negli anni quaranta dell'Ottocento, Giovanni Gherardini che, nella sua *Appendice alle grammatiche italiane dedicata agli studiosi giovinetti*, stabilisce che il segno serve a «dividere più distintamente un concetto da un altro». Ciò che le grammatiche ancora non registrano, gli scrittori praticano. Ugo Foscolo, per esempio, nelle *Ultime lettere di Jacopo Ortis* (in pirma edizione nel 1798), ha usato spesso il tratto per segnalare un cambio di progetto, una virata improvvisa del tema: «ne' miei sogni [...] Teresa è al mio fianco, e mi sento sospirar su la bocca, e – perché mi trovo un vuoto, un vuoto di tomba?». E il tratto lungo compare anche nelle traduzioni. Leopardi, in una nota dello *Zibaldone* (25 agosto 1820), lo registra con un filo di fastidio:

> Tutto il *Corsaro* di Lord Byron (parlo della traduz. non so del testo né delle altre sue opere) è tramezzato di lineette, non solo tra periodo e periodo, ma tra frase e frase, anzi spessissimo la stessa frase è spezzata, e il sostantivo è diviso dall'aggettivo con queste lineette (poco manca che le stesse parole non siano così divise), le quali ci dicono a ogni tratto come il ciarlatano che fa vedere qualche bella cosa: *fate attenzione* [...] *fermatevi sopra questa espressione, ponete mente a questa immagine*.

Troppi tratti, forse, ma un'indicazione preziosa sul loro ruolo: risvegliare l'attenzione, creare attesa su quel che segue. Attribuire, infine, importanza non secondaria all'informazione che sta per arrivare: il che pare una perfetta descrizione di quello che fa Mavis Gallant nella frase citata in apertura.

Difficile, comunque, liberarsi del trattino nelle traduzioni. Emily Dickinson ne ha fatto una sorta di riconoscibilissima firma, che incalza e frange i suoi versi:

Presentiment – is that long Shadow – on the Lawn –
Indicative that Sun goes down –
Monition – to the startled Grass
That Darkness – is about to pass –.

Una firma inquieta, che i diversi traduttori, acquisite le scelte grafiche degli originali, non possono che rispettare, aprendo così uno spazio all'uso del trattino in italiano. Giovanni Giudici:

Presentimento – è la lunga ombra – sul prato –
Annunziatrice che il sole se ne va –

Avvertimento all'erba abbrividita
Che la tenebra – presto scenderà –.

Cambio di progetto, segnale di allerta, frammentazione senza pace: questa disponibilità a scandire stacchi diversi resta in qualche modo legata al trattino come un elemento di libertà: nella scrittura epistolare, per esempio, che non è molto sorvegliata, il trattino lo si usa spesso per indicare una scansione generica. Qualcuno, addirittura usa due tratti sovrapposti, simili al segno di =. Lo faceva anche Manzoni, nel *Fermo e Lucia*, la prima minuta dei *Promessi sposi*. In quel caso, si tratta però di una stazione di passaggio. Il segno compare spesso ma ha statuto provvisorio perché, in fase di correzione, viene sempre sciolto, ora in virgola, ora in punto e virgola, ora in due punti.

Infine: nella scrittura italiana contemporanea la presenza del trattino cresce. Gli scrittori lo apprezzano forse proprio per le sue capacità camaleontiche: sa sfumare i rapporti tra il segmento che precede e quello che segue; stimolare l'attesa e salvare il mistero; o invece raddrizzare svolte troppo brusche. Due esempi, tra gli infiniti possibili, da autori diversissimi tra loro. Lalla Romano, in *Le lune di Hvar* (1991), fa del trattino un marcatore di ritmo:

> ammiro come portano con grazia (i padri) i piccoli bambini – sembrano spuntati da loro, come frutti o fiori – credo dolcezza mediterranea.

Nicola Lagioia, in *Riportando tutto a casa* (2009), usa il trattino come una luce lampeggiante: un avvertimento, o una spiegazione, o una postilla sta per arrivare:

> Avevamo trascorso l'estate in una piccola villa presa in affitto nel Salento – venti, venticinque giorni durante i quali avevo cercato di tenermi alla larga dai miei.

> E poi c'era la faccenda dei beni di consumo – per ogni gomma da cancellare di Giannelli, Giuseppe ne aveva almeno cinque… lo zaino di Giuseppe, per come continuava a svuotarlo senza che si svuotasse mai, avrebbe potuto contenere un luna park.

Non solo lo usano ma, del trattino, gli scrittori parlano con simpatia: «Quasi un "a parte" […] Il trattino avverte dell'irregolarità, e la regolarizza» dice Giulio Mozzi. Offre la possibilità di «sottolineare il concetto più importante nella subordinata e non nella frase principale», dice Sandro Veronesi.

I segni sono moltiplicabili, il trattino ha una storia ormai lunga nella nostra lingua. Dunque non c'è ragione di sostituirlo: la traduzione ha piuttosto il compito, mantenendolo, di valorizzarne l'efficacia.

*

W. Strunk, E.B. White, *The Elements of Style*, Longman, New York 2000 (prima edizione 1959). Giuseppe Antonelli, «Dall'Ottocento a oggi», in *Storia della punteggiatura in Europa*, a cura di Bice Mortara Garavelli, Laterza, Roma-Bari 2008. *Punteggiatura*, vol. i, AA.VV., *I segni*; vol. ii, Francesca Serafini, Filippo Taricco, *Storia, regole, eccezioni*: Francesca Serafini, «Storia, regole, eccezioni», Filippo Taricco, «Punteggiatura e discorso», Scuola Holden-BUR, Milano 2001 (il primo volume dà la parola a una decina di scrittori che raccontano il loro rapporto con un segno di volta in volta diverso).

Dare del lei, (non) dare del voi

«Ebbene, miss Morland», chiese a Catherine, «spero che il ballo vi sia piaciuto.»

Dalla sala da ballo alle cortesie per gli ospiti:

«È stato molto gentile da parte sua, signor Knightley, venire a farci visita a un'ora così tarda».

La cerimonia dei rapporti sociali è il motore stesso dei romanzi di Jane Austen, dunque ogni dettaglio importa. La prima battuta di dialogo viene dall'*Abbazia di Northanger*; la seconda da *Emma*. Cambiano, ovviamente, le voci dei traduttori, e le date – che sono un aspetto interessante della questione: Anna Banti ha tradotto *L'abbazia di Northanger* nel 1978, e usa il voi; Bruno Maffi, che ha tradotto *Emma* nel 1954, usa il lei. Il che mostra come, nella scelta dei pronomi allocutivi, una data più avanzata non garantisca la scelta più moderna.

Mentre il lei si va affermando con una certa lentezza, personaggi che si danno del voi hanno affollato le traduzioni di romanzi fino ad anni recenti e, in formazioni meno fitte, sopravvivono anche oggi, complici le ristampe di versioni datate nelle più diffuse edizioni economiche.

La resistenza del voi si spiega per diverse ragioni: calco dall'inglese you, o dal vous francese; onda lunga del dictat fascista che imponeva l'uso del voi al posto del lei – imposizione che ha avuto breve vita nel parlato, ma ha agito su non poche traduzioni ancora circolanti; la persistenza del voi nell'Italia centro-meridionale, pur con forti connotazioni dialettali o locali; l'idea ricevuta che il voi spennelli i testi non recenti, o ambientati nel passato, di una patina anticheggiante che si armonizza con l'epoca.

Ma vediamo, prima di tutto, cosa è successo nella storia della nostra lingua. Nel Medioevo l'italiano, come altre lingue romanze, ha un sistema bipartito tu/voi (Dante usa il voi per i personaggi cui tributa rispetto, come il suo maestro: «Siete voi qui, ser Brunetto?»). L'allocutivo lei si diffonde a partire dal Rinascimento. Dunque, tra il Cinquecento e l'Ottocento, si attesta un sistema tripartito: tu/voi/lei. Ma è importante guardare all'uso: il pronome non marcato era voi; a lei e tu si ricorreva rispettivamente come alla possibilità molto formale e a quella molto informale. Nei *Promessi sposi*, Agnese con Lucia, sua figlia, usa il tu, mentre Renzo si rivolge a Lucia col voi: «Parla, parla! Parlate, parlate! Gridarono a un tratto la madre e lo sposo». Il lei, Renzo lo impiega invece parlando a un personaggio di riguardo, che gli è socialmente molto superiore, l'Azzeccagarbugli: «vengo da lei per sapere come ho da fare per ottener giustizia».

Dunque, impiegare il voi per esprimere rispetto nella traduzione di un romanzo del Settecento o dell'Ottocento è, a tutti gli effetti, un piccolo falso storico. Diffuso, è vero, dunque entrato nella segnaletica d'uso per creare atmosfere datate. Ma, è bene notarlo, solo nei testi tradotti. Al punto che l'uso del voi potrebbe classificarsi come un segnale di traduttese (→ margine *Ma il traduttese, alla fine, esiste?*).

Guardiamo invece a quello che fanno gli scrittori italiani. Ecco un dialogo, in italiano volutamente invecchiato, di Cosimo e del padre, nel *Barone rampante* (1957) di Italo Calvino:

> Quando fu davanti al padre si cavò il cappello di paglia (che d'estate sostituiva al berretto di gatto selvatico) e disse: «Buongiorno, signor padre».
> «Buongiorno, figlio.»
> «Sta ella bene?»
> «Compatibilmente agli anni e ai dispiaceri.»
> «Godo di vederla valente.»
> «Così voglio dire di te, Cosimo. Ho sentito che ti adoperi pel vantaggio comune.»

Cosimo si scappella, parla al padre con rispetto, usa parole eleganti. E gli dà del lei. Il padre usa parole altrettanto forbite (che sono quelle della sua epoca e condizione), e gli dà del tu. Colore d'epoca, insomma, senza bisogno dell'anacronistico voi.

Molte nuove traduzioni tendono, correttamente, a uniformarsi sulla scelta del lei. Ma resiste talvolta la convinzione che l'italiano offra un ventaglio di tre pronomi personali per rivolgersi ad altri. Non è così: l'italiano standard di oggi ha due pronomi allocutivi, tu e lei; mentre nell'italiano fino all'Ottocento il voi era disponibile non come forma di massimo rispetto, ma come scelta neutra, non marcata.

Stabilito questo, restano, per i traduttori, altri nodi. Uno è individuare il momento di passaggio da un allocutivo all'altro. Con l'inglese la svolta è di solito segnalata dall'apparizione di vocativi col nome proprio. Mentre col francese è necessario ri-

cordare che l'uso del voi marca anche rapporti di grande vici-
nanza (coniugi, amanti), spesso alternandosi col tu a seconda
delle circostanze e dei momenti, più o meno intimi. In quei
casi – e forse solo in quelli – uniformare al tu sarebbe un appiattimento che depotenzia il peso di un sistema allocutivo ad
altissima valenza culturale. Ce ne avvisano i ricordi cinema-
tografici di Pier Vincenzo Mengaldo. Non una soluzione, ma
un'allerta conclusiva:

> Peggio va quando un *vous* reverenziale è reso in italiano con
> l'ormai pervasivo *tu*. È ad esempio quanto succede nei sotto-
> titoli italiani (ma confezionati in Francia?) di un […] film di
> Truffaut, *L'homme qui aimait les femmes* (1977), dove, e cer-
> to con perfetta intenzione da parte del regista, il protagonista
> e le donne con cui entra in rapporto continuano ad appellarsi
> per lo più col *vous* anche dopo aver fatto l'amore. (Ricordo: in
> una delle tante scene memorabili de *La grande illusion*, 1937,
> di Jean Renoir, l'ufficiale-proletario, Jean Gabin, chiede all'uf-
> ficiale-aristocratico, Pierre Fresnay, se non sia il caso di darsi
> finalmente del tu, dopo tanto tempo di vita e prigionia comu-
> ni, ma colui declina, precisando che dà del *vous* non solo a sua
> madre ma anche a sua moglie: affondo sociologico degno del
> regista che girerà di lì a due anni l'amara commedia borghe-
> se-aristocratica de *Le règle du jeu*.)

*

Pier Vincenzo Mengaldo, *La tradizione del Novecento. Quinta serie (2017)*, Carocci, Roma 2017.

Ma il traduttese, alla fine, esiste?

11 novembre 1980: Edoardo Sanguineti, in un articolo di giornale, saluta la nascita di una nuova parola, *traduttorese*. Qualche anno dopo, si afferma la variante oggi diffusa, *traduttese* (accolta per la prima volta nel *Vocabolario della lingua italiana* Zanichelli nel 2010). La sua circolazione si deve anche a Giuseppe Antonelli, che ha fatto ricorso alla categoria del traduttese per indicare «la lingua corretta, scorrevole, pacatamente brillante o moderatamente letteraria delle traduzioni». Lingua che, documenta Antonelli, contagiava gli autori italiani tra la fine del secolo scorso e l'inizio di questo. Dunque: la categoria del traduttese è stata soprattutto impiegata non in relazione a testi tradotti, ma a romanzi italiani, in particolare degli anni novanta. Ma forse l'arco temporale può ampliarsi. Vediamo due esempi, uno precedente di almeno un decennio, e uno successivo:

Tracy lo stava a guardare in ammirazione.

Le cose se ne andavano e non c'era verso di fermarle. Solo di cambiarle, se uno aveva la possibilità.

La prima frase viene da un libro-svolta nella narrativa italiana, *Treno di panna* di Andrea De Carlo (1981). Il secondo dal best-seller *Fuori da un evidente destino* di Giorgio Faletti (2006). Non italiano mal tradotto: italiano e basta. Ma un italiano che sa tantissimo di inglese; dove, però, l'invadente, ostentata filigrana (*in ammirazione*; la forma impersonale resa con *uno*) non rimanda a nessun originale. Piuttosto, alla generica colonizzazione culturale dell'inglese. Comunque di un inglese che difficilmente arriva ai lettori di traduzioni in forme come queste, tanto ricalcate da sfiorare la caricatura. Ed ecco un altro esempio, dal romanzo *Fango* di Niccolò Ammaniti (1996):

> Andare dagli altri della comitiva al centro sociale Argonauta.
> In programma quella sera c'era la megaspinellata di capodanno e il concerto degli Animal Death. Ma quel gruppo gli stava profondamente sulle palle. Dei fottuti integralisti vegetariani.
> Il loro gioco preferito era tirare braciole crude e bistecche grondanti di sangue sulla platea.

Interferenze lessicali (*fottuti*); bombardamento di frasi brevi o brevissime: si è parlato, a proposito di questo passo, di «interferenza mimata», che si verifica in assenza di rapporto diretto con uno specifico testo fonte. Insomma, il traduttese dei testi non tradotti. Testi che creano *in vitro*, per ragioni stilistiche, una variante di italiano contaminata di inglese.

Ma esiste, oggi, una lingua delle traduzioni? Cioè, una lingua delle traduzioni con riconoscibili caratteri di uniformità? Una domanda che richiederebbe, naturalmente, l'analisi linguistica di un corpus significativo di testi. Ripieghiamo, invece, per una risposta intuitiva e solo provvisoria, su un campione minuscolo: tre romanzi di generi diversi, tradotti da tre lingue diverse (spagnolo, inglese, svedese), accomunati dal fatto di avere sostato alcune settimane nella classifica dei best-seller dell'autunno 2016.

1

«La regina non ha mai avuto la minima stima per il figliastro e questi l'ha sempre incolpata di tutti i suoi mali, prima dell'allontanamento e dell'avversione del padre. L'anno scorso quest'ultimo, prima privandolo del titolo e degli onori di luogotenente del regno, aveva umiliato il proprio erede. Adesso suona l'ora della vendetta, e non mancheranno le rappresaglie, ci scommetto», profetizzò.

2

«Dipende da come va questa trattativa. È ancora tutto un po' incerto. Non è escluso che io debba andare a New York. Che ne dici di una cenetta da qualche parte giovedì, in ogni caso? Scegli tu il ristorante.»

«Ha detto che sta prenotando le vacanze. Tuo padre ha visto qualcosa in televisione al riguardo. Dov'è che volevate andare?». «A quanto pare ci sono strutture ancora in costruzione, offrono soggiorni a prezzi stracciati, ma non saprete se sono un buon affare finché non sarete sul posto.»

3

Rivolse il viso alla finestra e il sole le formò di nuovo un'aureola intorno alla peluria bionda. I solchi scavati dagli anni sul viso erano impietosamente messi in evidenza dalla luce, simile a una mappa delle sofferenze che aveva dovuto patire.

A una lettura rapida, non risalta nessun tratto condiviso (il primo testo è di grana linguistica relativamente sostenuta; il secondo ha un andamento disinvolto; il terzo ha tratti meno marcati). Ma, con attenzione più appuntita, si vede che quello che accomuna i tre passi è una certa patina ingessata, vagamente innaturale. La segnalano il cozzo tra espressioni datate, come *ora della vendetta* e altre più disinvolte, come *ci scommetto* (testo 1); specificazioni e definizioni dal suono burocratico come *al riguardo* e *strutture ancora in costruzione* (testo 2); varianti lessicali di una nota più alta del parlar comune, come *viso* (testo 3). Casi insomma, di lieve entità, di due disturbi diffusi come la lingua impennacchiata e l'antilingua burocratizzante (→ capitolo 5). Ma non è solo questo: insieme all'affettazione risalta il grigiore di fondo di una lingua che è insieme prevedibile e lievemente disassata rispetto all'italiano standard (i dialoghi del testo 2 somigliano ben poco alla lingua parlata; il possessivo *proprio* e il pronome *questi* nel testo 1 suonano artificiali).

Forse il traduttese non esiste, se non nel gioco più o meno consapevole degli scrittori italiani che lo praticano. Circolano però traduzioni che, in direzioni diverse, si allontanano dal parlar comune: sembrano camminare meno veloci della lingua; rinunciano a guizzi e invenzioni; si fanno schermo di un conformismo magari non scorretto ma legnoso, che sarebbe salutare scrollarsi di dosso.

*

Giuseppe Antonelli, «Ora si scrive in "traduttese"», *Domenica – Il Sole 24 Ore*, 25 maggio 2008. Il passo di Ammaniti è analizzato da Stefano Arduini e Ubaldo Stecconi in *Manuale di traduzione*, Carocci, Roma 2008.

Giusto. Sbagliato. Dipende

La lingua è mobile. E con lei la grammatica, che non fissa regole una volta per sempre, ma si modifica e si riassesta nel tempo e nello spazio. Gli errori esistono (ed è bene evitarli!), ma tra *giusto* e *sbagliato* esiste una zona di mobilità, che va di volta in volta ridefinita.

Per stabilire cosa è giusto e cosa è sbagliato entrano in gioco almeno tre fattori: il tempo; la situazione; l'uso. Dunque, un primo dato importante da acquisire è la dimensione storica delle regole, che non sono un sistema astratto, piuttosto l'attualizzazione di quel sistema nel tempo. Il concetto stesso di errore è soggetto a riassestamenti costanti. Forme oggi inaccettabili erano del tutto grammaticali in passato: nel *Novellino* compare un doppio superlativo («molto bellissima»), in Boccaccio un *che* relativo indeclinato («cosa che io non sarò mai lieta»).

Ma concentriamoci sul qui e ora: la padronanza della lingua passa anche attraverso la capacità di chi scrive di formulare i suoi testi tenendo conto della situazione comunicativa. Valeria Della Valle e Giuseppe Patota hanno sintetizzato la questione così:

Cosa vuol dire, oggi, esprimersi in buon italiano? Significa, a nostro avviso, saper fare quattro cose: nel parlato, adattare il tono della lingua alla situazione; nello scritto, non trascurare gli aspetti formali; in entrambi, dominare le regole essenziali della grammatica e combinare le parole e le frasi in modo corretto.

Dunque, il genere e il tipo di scritto, il pubblico di riferimento, il contesto determinano registri diversi, e rendono più o meno accettabili scelte grammaticali diverse. In quest'ottica la correttezza coincide con l'uso appropriato dei registri e delle varietà disponibili in italiano (→ 1.2).

La norma ha anche a che fare con il senso di appartenenza: esprimersi con correttezza significa riconoscersi membri di un gruppo di individui con i quali condividiamo la lingua. Antonio Gramsci, nei *Quaderni dal carcere*, ha scritto che la norma è definita «dal controllo reciproco, dall'insegnamento reciproco, dalla censura reciproca. Tutto questo complesso di azioni e reazioni contribuiscono a determinare un conformismo grammaticale, cioè a stabilire norme o giudizi di correttezza o di scorrettezza». Per chiarire il concetto di norma linguistica si usa spesso il paragone con il diritto. L'esempio più facile: il codice penale italiano definisce osceni gli atti che «secondo il comune sentimento, offendono il pudore». Pudore morale e pudore linguistico si modificano entrambi nel tempo. Non solo: come anche chi non conosce la legge possiede istintivamente i concetti giuridici di base, così il parlante, a qualunque livello culturale, riconosce l'esistenza della norma, se pur non è sempre in grado di rispettarla. Da questo derivano i processi di autocorrezione che tutti, più o meno, pratichiamo; e la sanzione sociale, cioè il giudizio che ciascuno può esprimere sulla lingua altrui. Correggere gli altri è uno sport praticato non solo dai grammatici. David Foster Wallace ha raccolto in un saggio, *Twenty-four Word Notes*, gli errori che lo irritano. Ignorare la differenza tra *which* e *that* è uno:

> Writers who do this [usare *which* al posto di *that*] usually think the two relative pronouns are interchangeable but that *which* makes you look smarter. They aren't, and it doesn't.

Il controllo e la censura reciproci di cui parla Gramsci sono insomma un aspetto essenziale del valore sociale della lingua, e del suo ruolo di collante entro un gruppo nazionale, sociale, o anche familiare.

Cosa sono, dunque, gli errori? Secondo qualcuno, l'allegro scatenamento di nuovi territori dell'immaginazione. Gli errori di ortografia, in particolare, contano veri e propri appassionati. Gianni Rodari, nella sua *Grammatica della fantasia*, è uno di loro:

> Se un bambino scrive nel suo quaderno «l'ago di Garda», ho la scelta tra correggere l'errore con un segnaccio rosso o blu, o seguirne l'ardito suggerimento e scrivere la storia e la geografia di questo «ago» importantissimo segnato anche sulla carta d'Italia.

E i refusi piacevano molto anche ad Alberto Savinio, che grazie a loro poteva allontanarsi dalla «grigia regione delle verità ovvie».

Tenendo conto di tutti questi aspetti, incluso il potere euristico delle malegrafie, possiamo concludere ribadendo che il concetto stesso di errore non è assoluto: non solo perché si muove nel tempo, ma perché scelte scorrette in una determinata situazione comunicativa possono risultare del tutto accettabili in un'altra (→ 3.6). Adattare il tono della lingua alla situazione è la vera correttezza. Mentre gli errori davvero gravi hanno a che fare con l'incapacità di produrre messaggi chiari e adeguati; sono quelli che generano ambiguità nella comunicazione; che evidenziano il mancato controllo della lingua da parte di chi parla o scrive.

*

Luca Serianni, «Giusto e sbagliato: dove comincia il territorio dell'errore?», in *Lezioni d'italiano. Riflessioni sulla lingua del nuovo millennio*, a cura di Sergio Lubello, il Mulino, Bologna 2014. Valeria Della Valle, Giuseppe Patota, *Senza neanche un errore*, Sperling & Kupfer, Milano 2016. David Foster Wallace, *Both Flesh and Not. Essays*, Hamish Hamilton, London 2012. Gianni Rodari, *Grammatica della fantasia. Introduzione all'arte di inventare storie*, Einaudi, Torino 2001. Alberto Savinio, voce *Refuso* in *Nuova enciclopedia*, Adelphi, Milano 1977.

Tradurre al buio

La traduzione sotto costrizione è una fantasia ricorrente. Non solo costrizioni come quelle metriche della poesia: costrizione è anche il vincolo estremo che deriva dall'ignoranza del contesto. Dunque il capovolgimento stesso dello statuto del tradurre che implica, per sua natura, una conoscenza il più approfondita possibile dell'opera, dell'autore, del momento storico e via di seguito, secondo un sistema di cerchi che si allargano. Ebbene, che questa competenza sia condizione inderogabile del tradurre lo provano, *e contrario*, alcuni esperimenti fantasiosi.

Viene in mente, prima di tutto, un vecchio, ancora prezioso libretto inventato da Eugenio Montale. Titolo: *Poesia travestita*. Regola del gioco: che una poesia di Montale stesso passasse di traduzione in traduzione restandone ignoti agli interpreti la paternità e persino il titolo, per tornare infine alla lingua di partenza. Montale aveva parlato del progetto a Maria Corti, catturando la sua divertita complicità. La macchina si era avviata col passaggio dall'italiano in arabo, quindi in francese, in polacco, russo, ceco e bulgaro. Dopo la morte di Montale, nel 1981, anni di blocco; poi l'idea riaffiora, la Corti trova altri traduttori, completa il gioco e pubblica il risultato.

Un gioco, dunque, che somiglia molto a quello che i bambini italiani chiamano telefono senza fili, e i bambini inglesi *Chinese whispers* (o forse lo chiamava così solo un certo gruppo di bambini, alla fine degli anni sessanta, in un certo quartiere nel sud di Londra: il nome *Chinese whispers*, che non compare in nessun dizionario, è stato oggetto di una divagazione divertente e molto traduttesca di Franco Nasi).

Un gioco, tornando a Montale, piuttosto crudele. La poesia oggetto dell'esperimento è *Nuove stanze*, dalle *Occasioni*, un testo densissimo di richiami ad altri luoghi della raccolta. Ecco perché l'operazione era perfida: sceglieva una poesia dal tessuto intertestuale particolarmente ricco, imponendo però l'ignoranza del sistema. Se una quota di miopia non può non appartenere, per definizione, al traduttore, la scommessa di Montale era quella di intensificarne artificialmente l'aspetto più inquietante, di produrre in laboratorio un massimo di distanza traduttore-testo.

Come previsto, la cecità indotta aveva sortito, più che stimoli critici, allontanamento dal centro, terremoti semantici che finivano per ribadire, *in absentia*, la complicata densità del testo di partenza. Qualche esempio. Il termine *tregenda* (presente anche nella *Primavera hitleriana*), si appiattisce in *moltitudine*; *lampo* (marca inconfondibile dello sguardo di Clizia, che ritorna anche nell'*Elegia di Pico Farnese*) perde la sua bruciante intensità, e scivola in *luccichio*: slittamenti che proclamano la difficoltà aggiuntiva, per i traduttori, dell'assenza di un sistema di riferimento. Il risultato potrà solo essere un opacizzarsi della poesia, un affievolirsi della sua voce, un allentarsi della sua stretta presa su cose e parole. Sopravvivono anche, è vero, marche forti di Clizia, come il cristallo, le dita adorne di anelli, addirittura gli *occhi d'acciaio*, sintagma sorprendentemente traghettato indenne attraverso le nove lingue. Si tratta però di falsi indizi: infatti questi attributi non appartengono più a una salvifica figura femminile, ma a un antagonista maschile (il *tu sola* montaliano si è trasformato, nel passaggio dall'olandese al tedesco, in un *tu solo*). I segnali di Clizia, dunque, aleggiano a vuoto, in assenza del referente che assicura loro senso e potere.

Un gioco in parte diverso – ma il risultato si ripete – è quello inventato dallo scrittore inglese Adam Thirlwell e confluito in un libro intitolato *Multiples*. Le regole (i numeri) sono questi: 12 racconti, tradotti in 18 lingue, da 61 autori diversi; ciascun traduttore traduce la traduzione precedente la sua, e non ha accesso all'originale; i traduttori – sempre, a loro volta, scrittori – sono invitati a ri-creare la personalità stilistica dei racconti servendosi di qualunque mezzo, incluse procedure drastiche come la reinvenzione o il trasloco di genere. Con una ulteriore provocazione: il testo di partenza non è mai riprodotto, dunque il lettore è invitato a valutare non la traduzione in rapporto al racconto di partenza, ma la traduzione come nuovo racconto.

Biblioteca portatile, esperimento, sfida intellettuale, partita a scacchi contro regole e convenzioni, il libro curato da Thirlwell sciorina, di nuovo, testi che contengono qualcosa d'inquietante. L'esempio più facile è quello di Kafka: il suo racconto che compare in *Multiples* è struggente, misterioso; i suoi segreti ingigantiscono nelle traduzioni (tre in inglese, una in spagnolo, una in ebraico). Le parole, soprattutto quelle su cui la storia si fonda, vorticano inafferrabili, poi inquietano, poi commuovono. Come quando il protagonista, essere senza nome che sta rintanato in una sinagoga, viene chiamato dai tre diversi traduttori inglesi, *creature*, *animal*, o *thing*, e *criatura* in spagnolo; e poi definito *pet*, oppure *mascot* (e *mascota*): lo scarto nell'implicazione affettiva è patente. E rimbomba nel finale, quando il

termine *sinagoga* è accompagnato da un possessivo che, nel trasloco di lingua in lingua, si ribalta: da *nostra*, diventa *sua* (della
creatura/animale/cosa). La sinagoga appartiene alla comunità
oppure, ormai, all'animale? Mai possessivo è stato più dram-
maticamente dirimente.

Franco Fortini, a proposito di una sua traduzione da Goethe,
scriveva: «Vorrei che la mia versione fosse una radiografia non
una fotografia». La cecità indotta – e i nostri traduttori-gioca-
tori lo hanno provato – può solo sortire risultati specularmente
opposti: non approfondimento critico ma allontanamento dal
centro.

*

Eugenio Montale, *Poesia travestita*, a cura di Maria Corti e Maria Anto-
nietta Terzoli, Interlinea, Novara 1999. Franco Nasi, «Sussurri cinesi e
squale mobili: sulla traduzione di poesie per bambini», in *Poetiche in
transito. Sisifo e le fatiche del tradurre*, Medusa, Milano 2004. *Multiples.
12 stories in 18 languages by 61 authors*, a cura di Adam Thirlwell, Por-
tobello Books, London 2013.

Attenti ai due punti

As they passed the van, the man raised the scrap of a box on which was now printed in crayon PLEASE: NEED GAS MONEY. The colon in this plea touched Janice deeply.

In questo caso è lampante: i due punti non sono un particolare trascurabile. Il passaggio viene da un racconto, intitolato *Charity*, dell'americana Joy Williams. Una scrittrice che sa ricavare dai dettagli, anche quelli linguistici, eccessi di senso addirittura dolorosi. Questa è la versione italiana di Sara Reggiani e Leonardo Taiuti:

Passarono accanto al camper e l'uomo alzò il pezzo di cartone su cui ora c'era scritto a pennarello, VI PREGO: DOBBIAMO FARE BENZINA.
I due punti di quell'implorazione toccarono profondamente Janice.

A leggerli in verticale, i due punti sono un punto sopra l'altro: immagine-specchio, di doppia natura. E sono in effetti, in italiano come in altre lingue, il segno più plastico e cavilloso: uniscono e separano; spezzano la frase, ma lavorano al suo interno, aggregano, collegano. Stratificano la scrittura, costringendo chi legge a fermare l'attenzione, alla pari, sul prima e sul dopo. Come nella frase di Joy Williams, un *caveat* portatile che ricorda ai traduttori che i due punti vanno rispettati. Prelevo un altro esempio dal libro che ha reso la punteggiatura un tema popolare in America e in Europa, *Eats, Shoots & Leaves* di Lynne Truss. Il passaggio viene da *Arms and the Man*, una commedia di George Bernard Shaw, punteggiatore ritenuto – forse a torto – idiosincratico:

> I am very glad to see you; but you must leave this house at once. My husband has just returned with my future son-in-law; and they know nothing. If they did, the consequences would be terrible. You are a foreigner: you don't feel our national animosities as we do.

Quattro brevi periodi: il primo e il secondo scanditi da un punto e virgola interno; l'ultimo, di struttura sintattica simile ai precedenti, dai due punti. Una *variatio* trascurabile? Un ipotetico traduttore che decidesse di sostituire i due punti dell'ultima frase col punto e virgola ubbidirebbe forse al desiderio, più o meno consapevole, di restaurare un principio di uniformità interpuntiva che lo scrittore sembra avere spezzato. In realtà, le cose non stanno così: perché i due punti hanno nella frase conclusiva lo stesso compito assolto nelle frasi iniziali non dei punti e virgola, ma delle congiunzioni *but* e *and*. Collaborano cioè alla costruzione dell'architettura argomentativa, dicono al lettore che tra il prima e il dopo esiste un rapporto logico-semantico (in questo caso, un rapporto di conseguenza: «Tu sei straniero, quindi …»), e lo invitano a non trascurarlo. I due punti appartengono insomma, a tutti gli effetti, alla classe dei connettivi.

In una lettera a T.E. Lawrence che Lynne Truss chiama «il testo sacro» dei due punti, Shaw ha scritto: «I save up the colon jealously for certain effects that no other stop produces». Gli effetti sono quello che abbiamo appena visto: un uncino, che aggancia; e un segnale di allerta.

Spetta dunque al traduttore vigilare, e all'editor intervenire in caso di momentanei vuoti di attenzione. Come è successo in quest'altro esempio – l'ultimo, ma il tema è importante –, che viene dalla raccolta di saggi *A Vagrant Mood* di W. Somerset Maugham:

> The artist's function is to create beauty, though not, I believe, the mainspring of his productiveness, and not, as some think, to reveal truth: if it were, a syllogism would be more significant than a sonnet.

Questa volta, il mantenimento dei due punti è il risultato di una proposta di editing sulla bella traduzione di Gianni Pannofino (dove, in origine, il segno diventava un punto e virgola):

> La funzione dell'artista – anche se non la molla della sua produttività – consiste nel creare bellezza, e non, come pensano alcuni, nel rivelare la verità: se così non fosse, un sillogismo sarebbe arte più di un sonetto.

Vale insomma per i traduttori – e coi due punti in particolare – una sfida paragonabile a quella che affrontano i filologi nell'edizione di uno scritto dell'epoca moderna:

> la punteggiatura dei testi a stampa del passato si può certamente ammodernare, ma per farlo non è sufficiente che risulti «non

sempre conforme all'uso e alla sensibilità nostri». Occorre anche accertare la sussistenza di almeno una delle due seguenti
condizioni: la prima è che le soluzioni contrastanti con l'uso e
la sensibilità attuali non abbiano una funzione testuale e non
riflettano una scelta stilistica dell'autore; la seconda è che siano di effettivo impaccio alla comprensione del testo.

Così scrive il linguista Pietro Trifone, e le sue raccomandazioni non possono non applicarsi anche a quell'altra cura dei testi
altrui che è la traduzione: il sistema interpuntorio di un autore
straniero, se confliggente con gli usi italiani, può essere assimi-
lato solo 1) quando non esprima una scelta stilistica o testuale caratterizzante; e 2) quando mantenerlo introdurrebbe nella
lingua d'arrivo un ostacolo o un errore senza corrispondenza
nel testo originale.

*

Lynne Truss, *Eats, Shoots & Leaves. The Zero Tolerance Approach to Punc-
tuation*, Profile Books, London 2003. Pietro Trifone, *Lingua, stile e critica del testo. La punteggiatura nell'edizione delle opere a stampa*, relazione al Convegno internazionale *La critica del testo. Problemi di metodo
ed esperienze di lavoro trent'anni dopo in vista del settecentenario della
morte di Dante*, Centro Pio Rajna, Roma, Villa Altieri, 23-26 ottobre 2017.

Ripetere si deve (con giudizio)

Variare, alternare, sinonimizzare è un vecchio dictat retorico
(→ 4.5), e un rischio (→ 5.4). *En partie double* (*Partita doppia*)
è il titolo dell'esercizio di stile che Queneau consacra allo stre-
nuo sforzo della ripetizione differenziata: «Je vis et remarquai
un jeune homme et un vieil adolescent assez ridicule et pas mal
grotesque…». E la caccia alle ripetizioni resta una pratica cor-
rettoria ancora in uso nelle scuole italiane (lo ha documentato,
una decina d'anni fa, Luca Serianni).

Per contro, è ormai verità acquisita che, nei testi scritti con
consapevolezza, la ripetizione non discende da povertà lessicale, ma è una scelta dettata da ragioni sia stilistiche sia struttu-
rali. Molti traduttori, e i loro editor, lo sanno bene. La parola a
Yasmina Melaouah, che riflette sulla *Peste* di Camus:

> È un aggettivo importante, *ordinaire*, che tornerà, discreto e te-
> nace, nel corso del romanzo, forse a dirci qualcosa del romanzo
> stesso, della voce pudìca, volutamente sobria, programmatica-
> mente restia agli abbellimenti come alla china facile del pathos.
> Per questo il mio è un cincischiare angoscioso: non solo la lu-
> ce spietata dell'incipit, ma la consapevolezza di sfiorare una di

quelle parole totem, uno di quei nodi cruciali della tessitura del romanzo. Per giunta sono subito alle prese con una ripetizione, troppo vistosa per essere sfuggita dalla penna di Camus: sacre, sempre, sono le ripetizioni (che fanno la musica segreta, il disegno arcano di un testo) e questa doppiamente.

Le ripetizioni, nella *Peste*, sopportano parte della rattenuta carica emotiva del romanzo, ma sono anche una chiave di lettura:

> Mi accorgo che le parole della malattia, i verbi dei gesti medici di Rieux (i noduli *durcis*, gli ascessi *crevés*) spesso tornano a descrivere la sensibilità scorticata del medico stremato dalla fatica: la malattia domina tutto, organizza gesti e sentimenti, detta le metafore.

Accanto al ruolo delle ripetizioni come agenti del tessuto ritmico e del formato architettonico del testo, c'è poi un altro, importantissimo, aspetto da considerare: le ripetizioni creano coesione, sono una delle viti che tengono insieme l'impalcatura di una pagina scritta (senza cercare troppo lontano: «Amor, ch'al cor gentil ratto s'apprende [...] Amor, ch'a nullo amato amar perdona [...] Amor condusse noi ad una morte»). Pensare alle ripetizioni anche come attrezzi coesivi aiuta a riconoscerne il grado di necessità: un testo dove l'autore ha scelto di ripetere è, di solito, più legato, più coeso di uno dove spesseggiano pronomi e forme sostitutive.

Vale per le parole, e vale anche per la punteggiatura. Susanna Basso ha confrontato un passaggio di *Moby Dick* nelle due traduzioni di Cesare Pavese (1932) e di Ruggero Bianchi (1993).

Now small fowls flew screaming over the yet yawning gulf; a sullen, white surf beat against its steep sides; then all collapsed, and the great shroud of the sea rolled on as it rolled five thousand years ago.

Pavese:

Piccoli uccelli volarono ora, strillando, sull'abisso ancora aperto; un tetro frangente bianco si sbatté contro gli orli del pendio; poi tutto ricadde, e il gran sudario del mare tornò a stendersi come si stendeva cinquemila anni fa.

Bianchi:

Ma ormai minuscoli uccelli volavano stridenti su quell'abisso ancora spalancato, mentre una bianca risacca astiosa ne frustava i fianchi scoscesi. Poi tutto sprofondò e il grande sudario del mare riprese a fluttuare, come cinquemila anni fa.

Concentriamoci sulla punteggiatura. Il gioco di alternanza tra punti e virgola e virgola proposto da Melville determina precisi raggruppamenti all'interno della frase: il primo, il secondo e il terzo segmento scandiscono eventi che si succedono secondo un ritmo costante («small fowls flew […]; a […] surf beat […]; then all collapsed»); mentre la virgola entro il terzo segmento rompe l'incanto, incrina l'attimo di eternità che si era appena creato. Proprio dosando ripetizione (dei punti e virgola) e variazione (con l'inserimento della virgola) secondo uno schema che non andrebbe, forse, alterato, Melville accosta e separa.

Rispettare le ripetizioni è, insomma, un dictat sacrosanto. Ma esaurisce solo una parte del problema. Perché – a causa di una tradizione retorica dura a morire; della scuola; dell'abitudine secolare – l'italiano è in effetti una lingua che tollera le ripetizioni meno di altre. Con qualche eccezione, certo. Come *Il partigiano Johnny*, il capolavoro di Beppe Fenoglio:

> «Sì, per il fiume», ripeté fermamente, quasi ferocemente Ettore. E tutti si dipinsero in mente la sua riviera pacifica, nella sua pacifica nudità primaverile, e le sue pacifiche acque, nella loro pacifica preinvernale crudezza, e la pacifica sottile, fredda aria sospesa su di esse. E pacifico suonava l'angelus delle segregate parrocchie sull'altra pacifica riva, e doveva ben esserci, oltre e lontano dalla riva e dalla strada una pacifica fattoria, con gente pacifica e leggermente tarda di comprendonio, che gli facesse un cristiano cenno di salire sui fienili e lassù avvilupparsi tutto in un pacifico santuario e sudario di fieno, con solo un piccolo tunnel per il respiro.

Elio Vittorini, lavorando di editing sul romanzo che sarebbe diventato *Il sergente nella neve* (1953) di Mario Rigoni Stern, invitava l'autore ad alleggerire le «ripetizioni che non fanno musica». Nel testo di Fenoglio le ripetizioni *fanno* musica. E senso: superfluo sottolineare l'intensità semantica dell'aggettivo *pacifico* nei sogni di un ragazzo che fa il partigiano in collina. Ma Fenoglio scriveva pensando all'inglese, e forzava, stranierizzava l'italiano per far posto a ritmi e strutture assimilati dai libri che amava.

La generale densità di ripetizioni nelle letterature inglese e americana va ricondotta, come si sa, all'onnipresenza della Bibbia, che risuona nella formazione di qualunque lettore protestante, ma è quasi inattiva (Fenoglio è una luminosa eccezione) nella storia della nostra lingua.

In altre parole, per ottenere lo stesso effetto stilistico, o strutturale, o coesivo, la densità di ripetizioni necessaria all'italiano è minore di quella tollerata in altre lingue. Come comportarsi di fronte a pagine ad altissima densità letteraria, è chiaro. Ma che fare in situazioni più quotidiane? Per esempio con la valanga dei vocativi di cortesia *Madame* e *Monsieur* che il francese riversa, d'abitudine, nella vita e in letteratura? Il problema lo ha sollevato Umberto Eco:

> Il francese usa *monsieur* più di quanto l'italiano usi *signore*. Ancora oggi accade in Francia che due vicini di casa, entrando in ascensore, possano salutarsi con *bonjour, monsieur*, mentre in italiano basta *buongiorno*, per non introdurre elementi di formalità esagerata. Non parliamo di quanti *monsieurs* ci sono in un romanzo del XIX secolo. Davvero occorre tradurli anche quando parlano tra loro due persone di pari condizione?

La mia personale proposta, in casi come questo, è di interrogarsi sulla dose di ripetizioni necessaria all'italiano per ottenere lo stesso effetto del francese. Un *Monsieur*, o un *Signore*, alla fine di ogni frase per un'intera pagina sfiorerebbe, forse, la presa in giro – effetto assente nelle intenzioni d'autore. Una quantità di vocativi non modica, ma leggermente ridotta rispetto al testo di partenza, potrebbe invece sortire, nel testo tradotto, un risultato di saturazione corrispondente a quello originale.

*

Raymond Queneau, *Esercizi di stile*, traduzione di Umberto Eco, testo originale a fronte, Einaudi, Torino 1983 (il libro è stato pubblicato nel 1947 e quindi, rivisto, nel 1969). Luca Serianni, Giuseppe Benedetti, *Scrit-*

ti sui banchi. L'italiano a scuola tra alunni e insegnanti, Carocci, Roma 2009. Yasmina Melaouah, «Tradurre Camus: diario della *Peste*», *L'Indice*, ottobre 2017. Susanna Basso, *Sul tradurre. Esperienze e divagazioni militanti*, Bruno Mondadori, Milano 2010. *La storia dei «Gettoni» di Elio Vittorini*, a cura di Vito Camerano, Raffaele Crovi e Giuseppe Grasso, Aragno, Torino 2007. Umberto Eco, *Dire quasi la stessa cosa. Esperienze di traduzione*, Bompiani, Milano 2003.

Viti e bulloni

E, o, oppure, ma; infatti, insomma, tuttavia, dunque, perché, allora, per questo motivo, dopo che; ne consegue che, con il risultato che, per concludere… Questo elenco include congiunzioni, locuzioni, frasi, tutti accomunati dalla loro funzione: connettere qualcosa che viene prima a qualcosa che viene dopo, e rendere più o meno esplicita la relazione logica che li lega. «Curare i passaggi di pensiero mediante energica scelta di congiunzioni o particelle appropriate», raccomandava Gadda. Questo fanno i connettivi (→ 2.5; 2.6; 2.7), segnali che collaborano a creare una delle proprietà fondamentali di un testo, la coesione, cioè il sistema dei rapporti tra le diverse parti.

Dal punto di vista del significato, alcuni connettivi sono più energici di altri, più ricchi. Per esempio espressioni del tipo *ne consegue che* indicano senza possibilità di equivoco quale rapporto esiste tra il prima e il dopo. Altri connettivi sono più duttili, perché lasciano aperta la possibilità di interpretarne il senso (→ 2.7). La congiunzione *e*, per esempio, ricopre ruoli semantici ben diversi in due affermazioni come queste: «Sono uscito e ho preso il treno» e «Sono uscito e ho dovuto rientrare subito», perché nel primo esempio la relazione è di successione, nel secondo di contrasto.

Un altro aspetto interessante dei connettivi è la loro capacità di giocare un doppio gioco, da vicino e da lontano: talvolta collegano parti del testo contigue; ma succede anche che stabiliscano un legame non con una o poche parole appena precedenti, ma con una porzione di testo estesa, e con tutte le informazioni lì contenute. Il legame non salda insomma dati vicini, ma agisce a lunga gittata, spesso al di fuori della frase, nello spazio del testo. E congiunzioni testuali si definiscono appunto quelle che operano in un campo d'azione più vasto degli immediati dintorni, e agiscono anche riepilogando quanto precede.

Questa proprietà dei connettivi spiega il significato linguistico di quello che è stato talvolta indicato come un vizio da evitare, cioè la scelta di aprire una frase con congiunzioni come *E* o *Ma*, collocate subito dopo un punto fermo quindi incapaci, secondo una visione ristretta, di collegare due elementi vicini. In realtà quando una frase si apre con una congiunzione, quella congiunzione può riferirsi a blocchi estesi di già detto. Questo fa il *ma* con cui Montale apre il testo conclusivo della serie dei *Mottetti* («… ma così sia. Un suono di cornetta»): ricapitola e compendia il senso dell'intero gruppo di poesie che precedono. Ma la congiunzione può anche rimandare a nozioni o convinzioni che si considerano acquisite, o che non si ritiene necessario esplicitare. Il verso di apertura del sonetto *A Zacinto* di Foscolo, «Né più mai toccherò le sacre sponde», presuppone una lunga elaborazione di pensiero precedente, un ruminare sui temi dell'esilio e dell'assenza che i 14 concentratissimi endecasillabi concludono e distillano. La congiunzione testuale d'apertura *Né* non è dunque quella che un tempo si definiva «licenza poetica», ma agisce come indicatore linguistico di un rapporto tra la riflessione che precede e la realizzazione poetica che ne scaturisce.

Anche un libro intero può cominciare con un connettivo. Succede a *Futility* (1922) di William Gerhardie, un romanzo zampillante di ironia. L'incipit nella traduzione di Gianni Celati (1969) è:

> Allora mi parve che l'unica cosa da fare fosse di mettere tutto ciò in un libro; è il classico modo di trattare la vita.

Ma ecco l'originale inglese:

> And then it struck me that the only thing to do was to fit all this into a book. It is the classic way to treat life.

And then: «E poi» (se intendiamo il *then* come *enumerative conjunct*: dopo qualcosa che è venuto prima); «E allora» se decidiamo di lasciare aperta l'interpretazione a *then* nel senso di «a quel tempo». Nell'uno e nell'altro caso la provocatoria irriverenza di Gerhardie si esibisce proprio a partire dalla grammatica. Quell'*And then* – che aggancia il libro al mondo-che-sta-fuori-dal-libro – dice semplicemente, senza sprecare molte parole, che tutto sarà anche già successo, ma la vita vera è nel romanzo che la racconta.

*

Carlo Emilio Gadda, *Norme per la redazione di un testo radiofonico* (1953), ERI, Roma 1973. Vittorio Coletti, *Grammatica dell'italiano adulto*, il Mulino, Bologna 2015. Angela Ferrari, Luciano Zampese, *Grammatica: parole, frasi, testi dell'italiano*, Carocci, Roma 2016. Francesco Sabatini, «Pause e congiunzioni nel testo. Quel *ma* a inizio di frase», in *L'italiano nel mondo moderno*, vol. II. *Tra grammatica e testi*, Liguori, Napoli 2012. Randolph Quirk, Sidney Greenbaum, *A University Grammar of English*, Longman, London 1973.

Un inciampo: le frasi slogate

Riporto qui tre frasi: la prima e la seconda sono traduzioni di romanzi, originariamente in due lingue diverse; la terza viene da un articolo di giornale italiano.

> *Guadando un corso d'acqua* nella giungla del delta del Mekong, *un riflesso del sole sugli occhiali lo aveva fatto individuare* da un cecchino vietcong, che lo uccise sul colpo, da così lontano che neppure si udì lo sparo.

> Le cose, pare, andarono di male in peggio, perché nel 1656, *non pagando l'affitto di casa da un anno, gli furono pignorati e messi all'asta gli effetti personali*, di così scarso valore che nessuno li volle.

> Anche *Venerdì venne civilizzato da Robinson facendogli leggere* la Bibbia.

In tutte e tre le frasi c'è un problema (qui segnalato in corsivo), che si presenta con una certa frequenza, sia nelle traduzioni sia in testi scritti direttamente in italiano: il soggetto del gerundio non coincide, come dovrebbe, col soggetto della frase reggente. Ripetiamola, questa regola, con tanto di eccezioni. Le frasi gerundive devono rispettare una di queste due possibilità: il soggetto, se non è espresso, coincide con quello della frase principale; se il soggetto è diverso da quello della reggente, bisogna introdurlo con un nome o un pronome. Dunque, la frase *«Essendo un ragazzo serio, Maria ha deciso di sposarlo» non è corretta, mentre la variante «Essendo Mario un ragazzo serio, Maria ha deciso di sposarlo» è perfettamente grammaticale. Con due avvertimenti. Il soggetto, in questo caso, va sempre collocato dopo il verbo (o dopo l'ausiliare), e ne risultano frasi dal suono formale; se si vuole evitare la sfumatura di ricercatezza, meglio riformulare con alternative più comuni, come «Visto che Luigi è un ragazzo serio…», o «Siccome Luigi è un ragazzo serio…». O, ancora, nel caso degli esempi con cui si è aperta questa riflessione, «Mentre xxx guadava un corso d'acqua…»; «Visto che xxx non pagava l'affitto da un anno…». Il terzo esempio andrà invece risolto con una relativa, o con una espressione strumentale: «che gli fece leggere la Bibbia…», «attraverso la lettura della Bibbia…».

Ci sono, naturalmente, alcune eccezioni alla regola: i verbi impersonali e quelli a soggetto generico. Quindi frasi come «Sbagliando s'impara» o «Ripensandoci, quello che è successo mi pare molto grave» sono del tutto corrette.

Il problema non appartiene solo all'italiano: pare che i correttori di bozze del *New Yorker* si imbattano spesso nel *dangling participle*, o participio penzolante. Lo racconta con umorismo Mary Norris, autrice di un libro sulla sua vita di copy-editor. Un esempio, lo prende da un racconto di George Saunders: «While picking kids up at school, bumper fell off Park Avenue». Ovviamente, non è il paraurti (*bumper*) che va a prendere i bambini a scuola, ma chi guida l'auto chiamata Park Avenue (una vecchia Buick, si chiarisce più oltre). Correggere non è difficile: basterebbe trasformare il participio in una temporale provvista di soggetto («While I was picking... »). Ma qualunque intervento normalizzante finirebbe con l'alterare non solo il suono, ma il carattere della frase – che viene pronunciata, tra l'altro, da una voce narrante di limitata cultura. E sarebbe, probabilmente, rifiutato dallo scrittore. Tanto che, conclude Mary Norris, «Sometimes it's easier to reconcile oneself to the dangler than it is to fix it».

Un tipo di inciampo, insomma, che in almeno due lingue diverse si dimostra ostinato. E anche, visto che il confine tra scelta consapevole e mancata competenza non è sempre chiaro, difficile da emendare.

Gli errori, ha scritto Andrea Debenedetti, sono anche un sintomo: «L'errore [...] non è la semplice violazione di una regola, ma è una violazione basata su un'ipotesi alternativa di funzionamento della lingua». Nel caso dei gerundi, va considerato che rispettare la regola non è essenziale alla trasmissione del messaggio e dunque, nel fluire del discorso, si può essere portati a trascurarla, sapendo che la comprensibilità non ne viene compromessa. Non solo: due dei nostri esempi, e molte delle infrazioni in cui mi capita di imbattermi (il problema è diffuso!), coinvolgono forme passive; e l'altro esempio una forma causativa («fatto individuare»). Tutte modalità che complicano, rendono meno immediata la distinzione tra soggetto grammaticale e soggetto logico. E dunque incoraggiano la creazione di frasi ibride. A queste considerazioni interne alla struttura della lingua va aggiunto una dato esterno, evidenziato da Luca Serianni: sul tema della sintassi del gerundio, e in particolare sul vincolo di corefenzialità col verbo della reggente, molte grammatiche scolastiche sono lacunose, o comunque incapaci di fornire una risposta adeguata a eventuali dubbi.

La frequenza del problema è dunque spiegabile. Ma questo non cancella il fatto che l'imperfetta saldatura delle due frasi genera una forma scorretta, che è bene evitare. A meno che, naturalmente, non si traduca quel racconto di George Saunders.

*

Francesco Sabatini, «Uso del gerundio con soggetto diverso da quello della frase reggente», *La Crusca per voi*, 38, aprile 2009. Mary Norris, *Between You and Me. Confessions of a Comma Queen*, Norton, New York-London 2015. Andrea Debenedetti, *La situazione è grammatica*, Einaudi, Torino 2015. Luca Serianni, «Dal testo di grammatica alla grammatica in atto», in *Grammatica a scuola*, a cura di Loredana Corrà e Walter Paschetto, Franco Angeli, Milano 2012.

Ars titolandi e dintorni

I titoli dei libri, spesso, non li traducono i traduttori. E in fondo nemmeno gli editori. Perché talvolta non di traduzione si tratta, ma di adattamento, o di reinvenzione: non si traducono i titoli, ma si ribattezzano i libri. C'è anche un movimento in direzione inversa, però, quasi una controtendenza: testi ormai classici vengono presentati, in occasione di una nuova traduzione, con un titolo diverso da quello ormai diffuso. Un titolo nuovo, che si giustifica in quanto ripristina un'aderenza all'originale che le traduzioni precedenti avevano, in parte, offuscato.

La prima tendenza è, oggi forse più che in passato, frequentissima, infestante; la seconda conta casi numerati ed eccellenti, tutti molto analizzati e discussi. La seconda nasce dall'attenzione filologica dedicata a un singolo libro; la prima – questo è un aspetto originale – sforna spesso titoli in serie: di copertina in copertina rimbalzano immagini ipercodificate, prevedibili e ricorrenti che, in nome del richiamo commerciale, creano ponti, legami tutti esteriori non solo tra i libri successivi di uno stesso autore, ma tra libri di autori diversi, pubblicati talvolta da editori diversi.

Qualche esempio, e qualche commento. A partire dalla reinvenzione.

Un paragrafo della storia della fortuna di Truman Capote – o del regista Blake Edwards – lo ha scritto, in Italia, l'editore Newton Compton con la complicità di alcune autrici di libri per signore. Il caso è interessante non perché evoca un film (più ancora che un romanzo) da tempo riconosciuto come oggetto di culto di massa, ma perché il rimando coinvolge un certo numero di libri diversi, trasformandosi in sistema.

Ecco una serie dei titoli che, tra gioielliere, gioielli e colazioni, si rieccheggiano e si inseguono. Nel 2011 esce in italiano *Un regalo da Tiffany* di Melissa Hill. Traduzione più o meno letterale del titolo inglese *Something at Tiffany*. Successo di vendite. Nuovo libro della stessa autrice, presso lo stesso editore, nel 2012. Titolo inglese: *Before I forget*; titolo italiano: *Innamorarsi a New York* (per inciso: l'autrice non è americana, ma inglese). Scambiato, per metonimia, il gioielliere con la città che lo contiene, la continuità, nella versione italiana, è comunque assicurata. Ma intanto i titoli-Tiffany vanno acquistando la forza di un marchio, e al di là dell'oceano un'altra signora, Marjorie Hart, pubblica *Summer at Tiffany*. Titolo che, nello sforzo di raggiungere il grado zero della sofisticazione, si presenta in edizione italiana come una scritta da T-shirt: *I love Tiffany* (Newton Compton, 2012). Stesso anno, stesso editore, con traduzione, questa volta, letterale: Ali McNamara, *Colazione da Darcy* (in inglese *Breakfast at Darcy's*).

Il sistema di riferimento è trans-autoriale: non importa che l'autrice sia la stessa; importa bensì il riferimento a una generica costellazione che include concetti quali Tiffany, amore, New York, colazione (cui si aggiunge un tocco di Jane Austen). Anche gioiello, naturalmente: il libro successivo di Melissa Hill, che esce in Italia non più presso Newton Compton ma presso Rizzoli, non rinuncia al gioco: titolo inglese *The charm bracelet*, reso in italiano *Il braccialetto della felicità*. Il sistema di rimandi è trans-autoriale ma anche trans-editoriale.

La novità non sta certo nella reinvenzione. Da sempre la resa dei titoli gode di un certo grado di indipendenza: il vincolo di fedeltà è allentato (gli stessi contratti di cessione dei diritti esteri impongono talvolta l'approvazione del titolo da parte dell'autore, ben difficilmente la sua resa letterale), e chi traduce suggerisce, piuttosto che decidere. Questo status di zona franca si spiega facilmente: la scelta del titolo, come quella della copertina, è un'operazione di posizionamento editoriale, soggetta – in misura variabile – a esigenze promozionali e commerciali.

Ma i titoli-Tiffany in versione italiana mostrano una strategia in parte diversa. Quello che cambia non è la libertà di resa, ma il campo d'azione: persa la fedeltà letterale al singolo titolo, si instaura una nuova fedeltà, di tipo non individuale, ma seriale. I titoli, concepiti secondo uno schema traslocabile nelle diverse lingue, non mirano a identificare un libro, a etichettarlo come *unicum*, ma a diluirne l'individualità in un insieme, a garantire riconoscibilità al raggruppamento che, artificialmente, si è creato. E si affaccia così un nuovo concetto di serie: non libri pensati in sequenza da uno stesso autore, ma libri più o meno estranei l'uno all'altro, aggregati per via di martellanti anafore titolatorie.

Accanto ai titoli-Tiffany, altre serie sono, o sono state popolari: quelle dei titoli botanici (fiori, frutti, piante), per esempio; oppure il filone del cibo; oppure ancora la famiglia stelle/luna/cielo. Quello che si ripete è il procedimento. Il titolo non descrive, non informa, non propone una chiave di lettura: è autonomo dalla vicenda narrata, ne isola eventualmente una tonalità più o meno marginale. Baldanzosi seguaci del motto di Lessing caro a Adorno che recita «Un titolo non deve essere una ricetta di cucina. Quanto meno dice sul contenuto, tanto meglio è», gli editori italiani scommettono sull'alone, sull'indeterminatezza. Il titolo esce in questo modo dallo spazio del testo ed entra nello spazio del lettore. L'ars titolandi è, a tutti gli effetti, una pratica reader-oriented.

Il movimento, speculare, di recupero di aderenza all'originale per i classici è invece rilevante sotto l'aspetto qualitativo.

Anche in questo caso, c'è alla base un fenomeno noto: i titoli tradotti nascono spesso non una, ma due o addirittura più volte. Anche quando la traduzione del libro rimane la stessa. I due motivi della rinascita sono, tipicamente, l'ammodernamento della lingua e, appunto, il ripristino della fedeltà all'originale. Per la prima situazione, un solo esempio, quasi a caso, tra gli infiniti possibili: *Sense and sensibility* di Jane Austen, intitolato *Senno e sensibilità* nell'edizione della vecchia BUR, si è trasformato, nelle edizioni BUR più recenti in *Ragione e sentimento*: perdita della volonterosa allitterazione, certo; ma sostituzione di una parola ormai meno consueta come *senno* con il più usuale *ragione*; e, non ultimo, adeguamento al titolo italiano del film di Ang Lee, uscito nel 1995, e occasione, in effetti, della riproposta del libro.

La scelta di ripristinare il nome di un classico, anche rinunciando a titoli sedimentati nella memoria affettiva dei lettori, è filologica e rischiosa. Ne sono ben consapevoli le traduttrici che hanno preso questa decisione in due casi di grande impegno, e hanno documentato con rigore le ragioni della loro scelta in prefazioni o postfazioni. In ordine cronologico: Nadia Fusini, traduttrice di *To the Lighthouse* di Virginia Woolf, che cambia l'ormai affermato *Gita al faro* in *Al faro* (Feltrinelli, 2011); e Renata Colorni, traduttrice di *Der Zauberberg* di Thomas Mann, che sostituisce il tradizionale *La montagna incantata* con *La montagna magica* (Mondadori, 2012).

Due tendenze, dunque: l'una riavvicina i titoli classici a ciò che in filologia si chiama ultima volontà dell'autore; l'altra propone una collezione potenzialmente infinita di variazioni sull'identico, un trattatello di quasi-sinonimia onomastica dove ciò che importa è la riproducibilità a cascata.

✻

Theodor W. Adorno, «Titoli», in *Note per la letteratura 1961-1968*, Einaudi, Torino 1979. Mariarosa Bricchi, «Quando il titolo è un caso», *Domenica – Il Sole 24 Ore*, 29 settembre 2013.

Giocare ad alterare

Tra i venti e i trent'anni (la data esatta non la conosciamo), Beppe Fenoglio ha tradotto *The Wind in the Willows* (1908) di Kenneth Grahame, uno dei libri più letti, allora e forse ancora oggi, dai bambini di lingua inglese. La sua versione – rimasta inedita, e pubblicata solo nel 1982 – è fascinosa e personalissima: è l'avventura linguistica, a tratti ancora ingenua, di un lettore incantato dal suono dell'inglese, e un esercizio letterario di appropriazione, destinato a lasciare molti segni sulla prosa del *Partigiano Johnny*. Tra i caratteri stilistici più marcati del *Vento nei salici* reso da Fenoglio c'è l'uso degli alterati:

> Portly had soon been comforted by the promise of a treat – a jaunt on the river in Mr Rat's real boat.

> La Lontrina era stata presto racconsolata con la promessa d'una bella cosa: una giratina sul fiume con la vera barca del signor Topo.

> «It looks as if we are coming to a village», said the Mole somewhat dubiously, slackening his pace, as the track, that had in time become a path and then had developed into a lane, now handed them over to the charge of a well-metalled road.

«Sembra menare a un villaggio», osservò la Talpa dubitosa, rallentando il passo, come il sentiero che erasi sviluppato in viottolo e quindi in straducola, li depositava ora su una strada ben lastricata.

But it was from one little window, with its blind drawn down, a mere blank transparency on the night, that the sense of home and the little curtained world within walls – the larger stressful world of outside Nature shut out and forgotten – most pulsated.

Ma era da una finestrella, con gli scuri abbassati, una semplice trasparenza lattiginosa nella notte, che più pulsava il senso della casa e del piccolo mondo avvolto tra i muri – il più grande e violento mondo esterno chiuso fuori e obliato.

Lontrina, giratina, straducola, finestrella: gli alterati entrano nella prosa di Fenoglio anche in assenza di esplicite indicazioni della lingua di partenza (solo *finestrella* traduce un *little window*), e restituiscono, certo per scelta consapevole, l'atmosfera fiabesca dell'originale attingendo alle risorse che l'italiano spesso impiega nei libri per l'infanzia: *Pinocchio*, per non cercare lontano, è pieno di diminutivi. E appunto i suffissi diminutivi sono quelli che Fenoglio predilige: nel libro ci sono anche *escursioncelle, straduzze, cosucce, visetti, faccenduole, manine*.

Gli alterati sono una risorsa tipicissima dell'italiano, ma spesso sottoimpiegata nelle traduzioni. Il motivo è chiaro: molte lingue di partenza ne sono sprovviste, o li possiedono in una gamma meno ricca. Il grammatico settecentesco Domenico Manni lodava «la copia immensa di accrescitivi e di diminutivi, di vezzeggiativi e di peggiorativi, che rendono il parlar nostro quanto abbordevole, altrettanto grazioso ed espressivo». Le cose vanno diversamente, per esempio, in inglese, o in tedesco. Prendiamo l'inglese: si contano due soli suffissi diminutivi, neanche frequentissimi, -let e -ette (*booklet, kitchenette*), e due vezzeggiativi, -y e -ie (*daddy, auntie*). Mentre i suffissi diminutivi del tedesco si limitano a -chen (*Kätzchen*) e -lein (*Männlein*).

In italiano i suffissi alterano il nome in rapporto alla dimensione (grande, piccolo), e al valore (positivo, negativo), e hanno sempre una connotazione affettiva, che è diversa però a seconda della base di partenza (*tesoruccio* ha valore positivo, *borghesuccio* negativo). Ma, soprattutto, i suffissi possibili sono tanti. E imprevedibili: dei molti disponibili, solo alcuni alterati sono impiegati abitualmente con certe parole, mentre altri non si usano. Il che libera, naturalmente, spazi disponibili alla fantasia lessicale. Carlo Emilio Gadda, in un'intervista, si è prodotto in una traduzione all'impronta di poche parole del *Don Chisciotte*. Ecco il passaggio: «Ricordate? "Esa Angelica", respondió don Quijote, "Señor cura, fué una doncella destraída, andariega, y algo antojadiza…", un po' vagabondella, un tantino picchiatella…». *Vagabondella, picchiatella*: la zampata di Gadda, anche in una versione improvvisata, si sente tutta.

L'avventura è aperta per ogni traduttore.

✳

Voce *Alterazione* in *Italiano. Grammatica. Sintassi. Dubbi*, di Luca Serianni con la collaborazione di Alberto Castelvecchi, Glossario di Giuseppe Patota, Garzanti, Milano 1997. Carlo Emilio Gadda, *«Per favore, mi lasci nell'ombra». Interviste 1950-1972*, a cura di Claudio Vela, Adelphi, Milano 1993.

Appendice

La scheda di lettura come micro-genere

Scrittori, traduttori, redattori di casa editrice: a scrivere schede di lettura si sono cimentati un po' tutti quelli che hanno a che fare coi libri. E le schede sono, oggi come ieri, un micro-genere ad alto tasso di codificazione, regolato da una sua propria grammatica. Un modo di ricostruirla è analizzare le schede del passato, patrimonio virtuale di minuta precettistica su come scrivere – o non scrivere – schede di lettura oggi.

1 *Lettore di casa editrice*

Una mattina buia di novembre un uomo esce da un palazzo, prende la metropolitana, scende, cammina brevemente nella nebbia, raggiunge un altro palazzo e, al quinto piano, entra negli uffici di una casa editrice. Lo aspetta un mucchio di manoscritti. L'uomo legge e valuta. Trame un po' deprimenti, una strana lettera d'accompagnamento, caffè e qualche commento con l'editore, che lavora accanto a lui. L'ultimo manoscritto, senza titolo, è il più voluminoso. Ci sono immagini intense e visionarie, ma anche cadute di stile. Un autore da tenere d'occhio, conclude il lettore, comunque niente di pubblicabile. L'editore, incuriosito, chiede di vedere l'ultimo manoscritto: ma è una traduzione, dice, finita nel mucchio per sbaglio. Una traduzione di *Delitto e castigo*.

Questa è la vicenda di un racconto di Giuseppe Pontiggia, *Lettore di casa editrice*, una variazione sul luogo comune della fallibilità dei giudizi editoriali (Pontiggia fu, per anni, lettore presso Adelphi). Al di là del gioco sulla intermittente, fatale miopia dei lettori professionali, un tema meno evidente che affiora nel testo è quello della preparazione delle schede di lettura. Il protagonista scrive infatti frasi e giudizi che poi cancella, e di nuovo modifica, sperimentando, assieme alla fallibilità della valutazione, quella della scrittura valutante, che aspira a essere perentoria, ma si misura senza sosta con l'incertezza, le oscillazioni del giudizio, il conflitto tra bisogno di approfondimento e imperativo della sintesi («Scrisse: "La storia non interessa: il solito triangolo". Ma questo non era vero: la storia interessava»).

Pareri, schede di lettura o, semplicemente, letture sono i testi che descrivono e valutano un manoscritto, esprimendo un giudizio sulla sua possibilità di trasformarsi in libro entro il catalogo di una determinata casa editrice.

Prodotto di scrittura professionale, la scheda, a differenza di altri micro-generi legati al lavoro in casa editrice (quarte, risvolti, presentazioni pubblicitarie…), si caratterizza per essere un documento a destinazione interna, pensato e redatto perché il pubblico non vi abbia accesso.

Scrittura privata, dunque, che testimonia un tratto del percorso decisionale precedente la pubblicazione, e appartiene al patrimonio storico di una casa editrice. Le schede accessibili al pubblico, al di fuori degli archivi editoriali, sono dunque quelle raccolte e pubblicate (come documenti di storia dell'editoria; o perché firmate, come è spesso accaduto, da scrittori noti che collaboravano con l'editore anche in qualità di lettori).

2   Pura trama

Una scheda di lettura standard ruota intorno a due elementi: la descrizione del libro (nel caso di un testo narrativo: racconto della trama); e la valutazione.

Raccontare la trama è un esercizio tutt'altro che semplice, anche se chiama in causa un genere di reputazione modesta come il riassunto. La scheda di lettura impone infatti di graduare le informazioni in rapporto allo spazio disponibile (non più di un paio di pagine, nella pratica editoriale di oggi); e di individuare il nucleo narrativo portante del testo, distinguendolo dalle ramificazioni accessorie. Operazioni, entrambe, che implicano una lettura consapevole, attrezzata e, di fatto, una presa di posizione critica. Ecco, scritto da Giorgio Manganelli in una scheda per Garzanti del 1961, il riassunto del romanzo *Il signore*

delle mosche (*The Lord of the Flies*) di William Golding (vinci-
tore, una ventina d'anni dopo, del premio Nobel per la letteratura; il romanzo era stato pubblicato in Inghilterra nel 1954):

> Un aereo che reca a bordo un gran numero di bambini viene
> abbattuto, durante l'ultima guerra, e precipita su un'isola del
> Pacifico; molti, ragazzi e bambini, si salvano, e si mettono a la-
> vorare, come fosse tutto un gran gioco, per costruire una sorta
> di struttura civile che permetta loro di sopravvivere. In quella
> incerta società, formata da esseri appena toccati dalla coscienza
> della civiltà, esplodono tutti i temi, i fantasmi, le brutalità del-
> la convivenza umana; in breve la comunità si scinde, e la quasi
> totalità dei ragazzi si raccoglie attorno al «capo» che sa far gu-
> stare loro la nequizia e la barbarie: l'uomo che li degrada, che
> li fa partecipi del peccato e quindi complici, crea con ciò una
> essenziale, naturale società. L'uccisione, prima tra gioco e ri-
> to, poi tra rito e ideologia, introduce una oscura, selvaggia idea
> del sacro. Alla fine i ragazzi verranno «salvati», cioè portati via
> dall'isola da una nave approdatavi a caso: ma sono esseri esper-
> ti del male, quelli che lasciano l'isola e uomini in quanto parte-
> cipi di una irrecuperabile corruzione dell'anima.

Pura trama. Restituita però in una sintesi che ne cattura il paradossale doppio percorso a direzioni invertite: dall'innocen-
za infantile, che coincide con l'impossibilità di sopravvivere in
assenza di un sistema socialmente strutturato, alla corruzio-
ne adulta, che vede l'affermarsi di una forma di società, solo
all'apparenza, civilizzata. Una sintesi che evidenzia anche, nello sviluppo della storia, il climax discendente (lo scivolare del
gioco in brutalità) che trasforma l'avventura robinsoniana in
un antiromanzo di formazione. Nell'esiguo spazio della sche-

da si ripercorrono dunque non le singole azioni, ma le linee di forza dell'intreccio; non tanto l'intersecarsi degli eventi (appena accennati: l'assassinio, l'emergere della figura del capo), ma il significato simbolico che gli eventi stessi assumono, e il loro ruolo strutturale. Tutto questo non scaturisce da una postura critica esplicita: semplicemente, dal riassunto.

Il racconto della trama, insomma, non è mai neutro, anche quando esclude l'espressione esplicita di un giudizio. Talvolta, piuttosto, il giudizio scaturisce proprio dall'esposizione mirata dello scheletro romanzesco, tanto più importante in testi di puro intrattenimento.

Laura Grimaldi, in una scheda del 1970 per i Gialli Mondadori, boccia un romanzo inglese ambientato in Sicilia basandosi solo su una descrizione dei personaggi principali (l'agente FBI, il capomafia, la ragazza) e dell'intreccio (basta in realtà l'accenno alla Mafia che smercia droga fra i giovani) per rendere evidenti ingenuità e involontarie cadute nel ridicolo:

> Ve l'immaginate il baldo agente FBI, alto, bello come «un attore del cinema» (*sic*) che, affiancato da un ispettore inglese, si muove in un paesino siculo? Non solo: detto agente, acceso da sacro spirito vendicativo contro la Mafia – che ora smercia droga fra i giovani – fa il bello e il brutto tempo, muovendosi a bordo di una fuoriserie che da sola basterebbe a farlo notare (e riconoscere e inseguire e uccidere) non solo in un paesino della Sicilia, ma anche a Milano. In altri termini: una Sicilia che ricorda molto da vicino il Messico del Western all'italiana, un capomafia nostrano che sembra Piccolo Cesare, una povera ragazza palermitana semianalfabeta che fa da segretaria al capomafia e pare Sofia Loren vista da Hollywood. Insomma, proprio no.

3   *Inutile aggiungere che il mio parere è favorevole*

> Autobiografia di un teppista, sadico e rabelaisiano: scritto, quindi, in gergo della malavita. L'interessante è che il delinquente vive in un imprecisato futuro, e che la lingua che parla è gergo inventato, formato essenzialmente da parole russe adattate agli usi inglesi, parole russe che traducono termini di slang inglese, eccetera. È un gioco curioso, e serve a illuminare la estrosa velocità della prosa, sempre gustosa, anche se spesso sommaria. La storia di Alex, prima criminale quindicenne, poi condizionato a odiare la violenza, poi guarito dal condizionamento e tornato criminale non sarebbe, a mio avviso, enormemente interessante, se non fosse sostenuta da una prosa singolare e colorita.

Questo è uno stralcio da un'altra scheda di Manganelli, scritta nel 1963 a proposito del romanzo del 1962 *Arancia meccanica* (*A Clockwork Orange*) di Anthony Burgess. Ora, ciò che conta è il giudizio. Anzi, la miniatura di un giudizio. Di solito le schede sono un po' più lunghe; spesso distinguono tra racconto della storia, analisi e giudizio. Manganelli, in poche righe, dice di cosa parla il libro, come ne parla, e dove risiede il suo interesse (non nella storia, ma nelle invenzioni linguistiche).

Più estesa, e di impostazione più tradizionale, la scheda che segue, scritta nel 1961, per Mondadori, da Bruno Tasso, a proposito del romanzo di Muriel Spark oggi noto come *Gli anni fulgenti di Miss Brodie* (*The Prime of Miss Jean Brodie*), ma tradotto per la prima volta, nel 1964, col titolo *Gli anni in fiore della Signorina Brodie*.

> Discutere della Spark mi sembra ormai diventato inutile: scrive troppo, forse, ma è difficile che manchi completamente il

bersaglio, e si può affermare che qui ha fatto centro in pieno. […] Miss Brodie insegna in una scuola di Edimburgo, fondata dalla vedova di un ricco legatore, che ama due cose sole al mondo: Garibaldi e il buon comportamento. Ma alla strana insegnante la cultura di per se stessa non interessa: ella cerca fra le sue allieve «la crème de la crème» e la trova in sei ragazze dodicenni: Sandy, Monica, Eunice, Mary, Jenny e Rose. E a queste ragazze si attacca in maniera morbosa: le cura, le plasma in base a quello che per lei è un modello ideale, vuole farne una specie di paradigma per le future generazioni e, per raggiungere questo scopo, trascura Giotto e la storia ufficiale per parlare di Mussolini e di Baldwin (all'inizio siamo negli anni '30). Terminati i corsi, le ragazze si disperdono, seguono ognuna la loro esistenza, ma la loro vita rimane plasmata da questa insolita insegnante che, pur nella sua mancanza di conformismo, ha condizionato la loro esistenza, per il bene e, in qualche caso, per il disastro. E la domanda che rimane senza risposta alla fine del racconto è: l'influenza di Miss Brodie è stata un bene o un male? Una specie di parabola morale, insomma, tutta giocata su toni metafisici, anche quando il racconto sembra scorrere nei corridoi più normali, un piccolo capolavoro di sofisticazione, testimoniato dal fatto che è stato pubblicato quasi per intero dal *New Yorker* […].

Realizzata secondo una struttura tripartita, la scheda fornisce: presentazione dell'autore e anticipazione del giudizio; riassunto; accenno di inquadramento critico e valutazione conclusiva. Il rapporto quantitativo tra riassunto ed elaborazione del giudizio risulta, in questo caso, visibilmente sbilanciato a favore del primo. E il rapporto tra resoconto della vicenda e analisi è certo lontano dalla sofisticazione che il lettore attribuisce al libro.

In realtà, più che motivata, la valutazione è dichiarata, e poggia sull'autorità esterna del *New Yorker*. L'assenza di un'argomentazione convincente a sostegno del giudizio è un limite, perché non lascia appiglio a un eventuale contraddittorio (la ragioni di un'opinione possono essere discusse, la sua semplice enunciazione può venire solo accolta o rifiutata). Si tratta tuttavia di un parere professionalmente fungibile: informato e informativo, chiaro nell'esposizione e netto nel giudizio. Che viene ribadito nell'ultima frase: «Inutile, credo, aggiungere che il mio è un parere *favorevole*».

4   *Valore artistico: zero*

Un parere negativo implica responsabilità forse superiori (può bastare perché un libro sia rifiutato, mentre difficilmente l'acquisto si basa su una sola valutazione positiva). E coinvolge strategie, anche retoriche, in parte diverse.

La storia letteraria, come tutti ricordano, ha i suoi grandi rifiutati. Campeggia per esempio, nell'Italia del secondo Novecento, Guido Morselli, morto suicida lasciando le lettere negative degli editori in una cartellina azzurra decorata col disegno di un fiasco. Perché gli editori respingono i libri? Vuoti d'attenzione, certo, e fretta, e miopia. Ma non solo. Ci sono documenti di rifiuto dove nulla si concede alla superficialità: la lunga lettera dell'ottobre 1965 dove Italo Calvino spiega a Morselli le sue perplessità sul romanzo *Il comunista* testimonia forse di un errore, certo di una civiltà intellettuale, fatta di severa passione per i libri, di nettezza di giudizio, di rispetto per il lavoro dello scrivere, che scoraggia qualunque interpretazione scandalistica del rifiuto.

> Come vede il libro ho cercato di leggerlo in tutte le sue dimensioni, e mi sono accanito a smontarlo e rimontarlo: insomma ci ho preso gusto e mi ci sono arrabbiato, non rimpiango il tempo (un viaggio a Milano in treno, andata e ritorno) che ho impiegato a leggerlo, e posso dire che mi ha mosso pensieri, e *ci ho imparato.*

In queste righe conclusive Calvino tira le somme di una lettura critica minuziosa, orientata a evidenziare incongruenze e limiti di un testo che pure mantiene un livello di qualità tale da giustificare, se non la pubblicazione, un'analisi tanto attenta.

La lettera di Calvino (un parere di lettura indirizzato, invece che all'editore, all'autore) è la faccia esterna del processo di rifiuto. Prima tappa, interna alla casa editrice, dello stesso processo sono spesso le schede di lettura vere e proprie, dove si intrecciano considerazioni legate alla qualità del libro e alla sua opportunità.

A volte, il libro non va bene perché è semplicemente brutto, oppure perché pare non facilmente vendibile. Montale, consulente per necessità economica dell'editore Bemporad tra il 1927 e il 1929, dava giudizi sicuri, spesso taglienti, sempre attenti a distinguere qualità e vendibilità:

> Valore artistico: zero. Possibilità di successo critico: scarse o nulle. Circa l'esito di vendita invece è difficile far previsioni; il libro si fa leggere, contiene alcune scene erotiche, … sicché può darsi incontri qualche lettore. Ma come opera letteraria, ripeto, vale zero anche giudicato da un punto di vista indulgente.

Un tipo di valutazione che si fonda, in assoluto, sulla credibilità del lettore: non c'è descrizione del libro, non c'è presa di posizione critica motivata, non c'è argomentazione. Non un modello, dunque. Piuttosto, una curiosità.

Un altro poeta-lettore editoriale, Giorgio Caproni, scrive per Rizzoli un parere sul romanzo di Georges Brassens (il celebre *chansonnier*) *La tour des miracles*, pubblicato in Francia nel 1953 e, in seconda edizione, nel 1968, data presumibile dell'interesse da parte italiana:

> Non c'è trama, ma è tutta una farandola di casi «impossibili» occorsi a uomini-pupazzi viventi in un'ipotetica torre a Montmartre (*La tour des miracles*, dove *tour* si può leggere *cour*, la famosa Corte dei Miracoli), tutti d'una tale innocente assurdità da ricordar da una parte l'umorismo metafisico d'un Queneau, dall'altra quello, del tutto *bête*, del nostro Veneranda. Giochetti di parole come grandmaire = grand'mère sono all'ordine del giorno, per cui ad esempio un certo personaggio desideroso di farsi una cultura grammaticale, finisce col riempire la torre di nonne [...], così come il libro è pieno di trovatine quali quelle del bimbo sventato che si dimentica le gambe senza ricordare dove [...] ma nell'insieme l'operetta riesce piacevole e anche, a momenti, spassosa per la stessa gratuità del suo umorismo. Soltanto, dubito che una traduzione, anche se affidata a un «mago» capace di cogliere tutti i doppi sensi e di trovare i corrispettivi italiani (è un comico, ripeto, quasi interamente filologico), possa restituirci il sapore (il gusto, il divertimento) dell'originale, un vero *guignol* per adulti, dove a far da burattini son soprattutto le parole. E perciò lascerei perdere, piuttosto che correre il rischio d'una riproduzione sciapa o forzata, tantopiù che, tutto sommato, la sua «novità», almeno in Francia (da Prévert a Boris Vian, anche se senza la loro carica polemica) mi par piuttosto relativa.

La qualità non è un attributo assoluto, ma parziale e graduabile: Caproni inscena nella sua scheda un processo di valutazione *in itinere*, che parte dalla ricostruzione dei giochi linguistici e degli scherzi che definiscono il romanzo di Brassens; riconosce il divertimento che ne deriva; evidenzia l'inevitabile appiattimento nell'eventuale processo di traduzione; individua, alla fine, i limiti del romanzo che, pur piacevole, non offre nulla di veramente nuovo. E la somma di qualità media e difficoltà di adeguata resa italiana, caratteristiche entrambe motivate, motiva a sua volta il parere negativo.

La valutazione ha dunque per oggetto la fattibilità pratica assieme alla qualità, e si appunta sul rapporto, più o meno sbilanciato, tra le due. Questi sono anche i fattori in gioco nelle considerazioni mondadoriane su Erskine Caldwell alla fine degli anni trenta, quando il contesto storico impone considerazioni di opportunità del tutto particolari. Un gruppo di schede, relative ai tre romanzi *La via del tabacco* (*Tobacco Road*), *Il piccolo campo* (*God's Little Acre*) e *Il pellegrino del diavolo* (*Journeyman*), mostra un'alternanza di giudizi positivi (Elio Vittorini, allora consulente per la letteratura anglo-americana, e Alessandra Scalero, lettrice, in questo caso, dall'inglese) e negativi (un lettore anonimo), ritmati da ricorrenti considerazioni circa l'opportunità di avviare la traduzione di testi che sarebbero stati probabilmente bloccati dalla censura.

Vittorini:

> Sono tre romanzi bellissimi, brevi, amari e allo stesso tempo divertenti, Ma tutti e tre un po' boccacceschi nel senso migliore (vero) della parola, con scene sessuali senza alcun velo come se i rapporti sessuali fossero la cosa più naturale, comune, sana e scoperta di questo mondo. La società italiana

e la censura che l'interpreta essendo in proposito di tutt'altro parere le scene in questione dovrebbero essere travestite con frequenti tagli.

Lettore anonimo (a proposito della *Via del tabacco*):

> Pochi fatti e poco interessanti. [...] L'autore di questo libro ha certamente delle capacità descrittive ma gli manca il fiato ed il soggetto era veramente scarno. Non mi pare libro da prendere in considerazione.

Scalero (a proposito della *Via del tabacco*):

> Questo strano ambiente smidollato e degenerato è reso da Caldwell con grande maestria. La triste e terribile suggestione che le immense piane della contrada, la solitudine, la miseria esercitano sui pochi uomini senza fede e senza volontà risulta da una prosa asciuttissima, amara, acuta, d'una efficacia singolarissima.[...] È vero che, con un grande pessimismo, anche una grande e rattristata pietà anima l'autore; ma dubito che questo sentimento basti a purificare agli occhi del censore la rappresentazione della bestiale sensualità che domina gli uomini di quelle sperdute regioni.

Prevalgono, dunque, e convincono, le valutazioni positive. Il problema è esterno: la censura. Una nota aggiunta in calce alla scheda della Scalero da un quarto lettore e consulente, Enrico Piceni, recita infatti «Che debbo dire? Mi sembra assai pericoloso farlo esaminare».

5   *Catalogo, collane*

Infatti Mondadori non pubblicò, al momento, nulla di Caldwell
(la prima traduzione italiana fu quella del romanzo *Il piccolo
campo*, realizzata dallo stesso Vittorini e uscita da Bompiani nel
1940). Ma l'interesse mondadoriano per l'autore si riaccese nel
dopoguerra, quando alcuni dei suoi nuovi libri furono oggetto
di lettura (e quindi pubblicati). Costante la presenza del primo
attore, Vittorini, diversi in parte i criteri di valutazione: cadu-
ta la minaccia della censura come variabile di cui tenere conto nel processo decisionale, la qualità letteraria dell'autore pare
più altalenante di un tempo. Come Vittorini stesso ribadisce:

> Io una volta fui sostenitore di Caldwell. E sarei felice ch'egli sa-
> pesse sottrarsi all'equivoco del commercialismo per tornare ad
> essere lo scrittore che fu nei suoi primi libri.

Diventa decisivo, a questo punto, un altro tipo di considerazioni, che appartengono di diritto ai pareri di lettura: la possibilità di collocazione entro il catalogo della casa editrice (la
mancanza di una sede opportuna è sufficiente motivo di rifiuto); e, nel caso specifico, la scelta della collana. Per Caldwell la
scelta dipende dal livello della singola opera. Ancora la parola a Vittorini.

A proposito del romanzo *Jenny e Milo* (*Jenny by Nature*):

> Ma anche questo libro, purtroppo, è fatto di artificio e non d'ar-
> te. In Bosco certo può trovare posto benissimo e avervi succes-
> so. In Medusa invece non potrebbe che imbrogliare le carte. Ma
> ai fini di Bosco è raccomandabilissimo.

A proposito della raccolta *Giorni sulla costa del Golfo* (*Gulf Coast Stories*):

> Racconti, ma sono le cose migliori che Caldwell abbia scritto dopo la sua «industrializzazione» (che coincide all'incirca con la fine della guerra). Ovviamente da prendere per Medusa.

Dunque, i libri di qualità vengono diretti alla collana ammiraglia, Medusa, dove si presentano opere di sicuro valore letterario; i libri meno riusciti di un autore che si intende, comunque, mantenere in catalogo, transitano invece verso collane non così esposte e più dichiaratamente popolari, come Il Bosco.

Una scrittrice sulla cui collocazione i lettori mondadoriani hanno spesso ragionato nei loro giudizi è la viennese (poi cittadina americana) Vicki Baum, autrice di romanzi sentimental-mondani molto fortunati tra gli anni venti e trenta.

Le opere della Baum erano pubblicate nei Libri della Palma (la collana di narrativa che rappresentò il contraltare più popolare della Medusa). Ma, data la tipica qualità oscillante dell'autrice, i lettori spesso argomentano sulla compatibilità tra testo in esame e collana. Emilio Ceretti riteneva per esempio il romanzo *Il lago delle vergini* (*Hell am Frauensee*) «consigliabilissimo» per la Palma, in quanto «modernissimo, americano più che tedesco, privo di complicazioni, psicologico e tutto intenso d'amore, di sport e d'allegria». Lavinia Mazzucchetti, germanista e storica consulente per la Mondadori, considera a sua volta *La carriera di Doris Hart* (*Die Karriere der Doris Hart*) «infinitamente superiore a molti altri numeri di Palma», mentre, pur segnalando i molti limiti del romanzo *Si liquida* (*Der Grosse Ausverkauf*), conclude: «Ad ogni modo per Palma anche questo romanzetto va benone». Infine, un anonimo lettore, a proposito di *Amore e morte a Bali* (*Liebe und Tod auf Bali*):

> Il nuovo libro della Baum avrà certo successo anche in Italia benché non risponda al tipo Palma. A parer mio sarebbe un errore però metterlo in Medusa, per riguardo agli altri autori, anche perché nella vicinanza si vedrebbe più chiaramente come, malgrado la innegabile abilità e sensibilità della scrittrice, sia arte di seconda mano, voglio dire sia… un grande libro di ricalco.

Compatibilità del testo con il pubblico di riferimento di una collana (e spesso, più prosaicamente, mole dell'opera) sono dunque i fattori che i lettori prendono in considerazione nel suggerire una collocazione. Il primo romanzo di Raffaele Crovi, *Il franco tiratore*, edito da Rizzoli nel 1968, esce nella collana dei Narratori moderni, come suggerito nella scheda di Caproni:

> Quanto alla più appropriata collocazione in seno alle nostre collane, appunto per tale spiccato carattere d'eccezionalità strumentale e per tale rarefatta finezza contrappuntistica, che potrebbero sfuggire all'orecchio di un lettore abituato alle comode e certe soluzioni «convenzionali», non ho dubbi nell'indicare come l'unica adatta la collana più di punta, cioè la collana Narratori moderni, aperta e ardita quanto occorre per garantire al libro, meglio delle altre, i lettori qualitativamente più pronti a riceverlo e ad apprezzarlo. E ciò a parte la considerazione materiale della mole piuttosto snella, che del resto anch'essa par fatta apposta, come misura «giusta», per i Narratori moderni.

6 *La memoria*

«Orecchio infallibile [...] estrosa, sterminata memoria»: così Cesare Garboli ha descritto le qualità editoriali più spiccate di Niccolò Gallo, responsabile della narrativa italiana Mondadori negli anni sessanta. L'orecchio, si sa, appartiene (con l'occhio e il fiuto) al venerabile filone dei miti editoriali, più facili a tramandarsi che a descriversi. La memoria, invece, è una qualità professionale circoscrivibile, che si riversa in riferimenti, confronti, attribuzioni (di un libro a un determinato filone, di una soluzione alla sua fonte): tutti ingredienti qualificanti di una scheda ben fatta.

Ricordare è, naturalmente, rischioso. L'ambientazione oltremondana di un romanzetto di intrattenimento non giustifica zelanti richiami danteschi (l'esempio non è inventato), né Jane Austen può ragionevolmente presiedere a ogni ingarbugliato percorso pre-matrimoniale.

La ricostruzione, criticamente persuasiva, del reticolo intertestuale è in effetti, nei pareri di lettura di Gallo, un attrezzo primario per afferrare, e quindi comunicare, i caratteri di un testo. Due casi, a proposito dello stesso autore, Giovanni Arpino.

Il primo confronta il manoscritto in esame (*Un delitto d'onore*, pubblicato da Mondadori nel 1961) con il romanzo di poco precedente dello stesso autore *La suora giovane* (Einaudi, Torino 1959), che aveva ottenuto vasti riconoscimenti critici.

> Mi pare che il racconto si muova su un piano diverso, più ricco, de *La suora giovane*, o meglio che, rispetto a codesto, con meno charme e meno clavicembalo, ci sia nel nuovo libro un maggiore approfondimento tematico.

Accanto ai riferimenti che collocano un testo entro il percorso di un autore, sono illuminanti quelli che ne definiscono il sistema culturale di riferimento. E in questa direzione si muovono i rapporti segnalati nel secondo esempio, dove Gallo valuta il romanzo *Braida e la sua parte* (quindi pubblicato da Mondadori nel 1958 col titolo *Gli anni del giudizio*):

> Più che a Pavese – che ha certo contato per Arpino – penserei qui alla Romano del racconto *Maria*.

Il romanzo *Libera nos, H* di Mario Spinella (Mondadori, 1968) viene invece così inquadrato nella scheda di lettura di Cesare Garboli:

> […] si ha l'impressione di una scrittura che miri scientemente, ma anche d'istinto, a disegnare un ordine dei fatti romanzesco e favoloso. Su questa linea, con superiore dotazione culturale […] Spinella ha l'aria di usufruire con altri scopi di una tendenza oggi in corso, orizzontandosi sulla falsariga di esperimenti, diciamo così, per comodo, alla Volponi o alla Malerba, esperimenti cioè in qualche modo amoreggianti col surreale. Ma […] è chiaro che l'accostamento ha valore solo come individuazione di una tendenza intellettuale, quella appunto della lettura pazza e «meravigliosa» del reale. In questo senso è legittimo il riferimento alla favola di Alice.

7   Approvare sotto condizione

Accade che un libro (specialmente se si tratta di un'opera prima) non funzioni fino in fondo. Ma – argomentano talvolta i lettori – è un testo comunque interessante, magari innovativo, o ricco di potenzialità; se l'autore è disposto a rimetterci le mani, e ad accettare qualche suggerimento, allora si può fare. Questo, più o meno, è il giudizio editoriale che approva *sub condicione*. La situazione è, naturalmente, frequente per i libri italiani, più rara per quelli in lingua straniera (in quel caso, è piuttosto ricorrente la segnalazione delle eventuali difficoltà di traduzione, o delle caratteristiche da richiedersi al traduttore).

Niccolò Gallo si dichiara per esempio favorevole alla pubblicazione del romanzo *Il piatto piange* di Piero Chiara nella collana Il tornasole, che dirige assieme a Vittorio Sereni (il volume sarebbe effettivamente uscito nel 1962). Ma segnala, nella stessa scheda di lettura, la necessità di una revisione:

> Alcuni punti qua e là hanno forse bisogno di essere ritoccati (i finalini ad effetto di qualche capitolo, la sbrigativa corsività di certi «riassunti» storici, qualche lieve slittamento stilistico): ma è un lavoro minimo, che l'autore può portare a termine in pochi giorni. Ho già preparato io stesso un elenco di osservazioni da sottoporgli.

Le «osservazioni» sono contenute in una lettera spedita da Gallo a Chiara lo stesso giorno:

> I miei dubbi più consistenti riguardano solo due punti del racconto e, in fondo, anche qui si tratta di resa:
> 1° – p. 88 – La situazione «storica, tropo nota per raccontarla» dovrebbe essere riassunta con maggiore invenzione stilistica: non data così cronachisticamente, in modo troppo corsivo. Se risolvesse meglio la pagina, ne guadagnerebbe molto la scena che segue.
> 2° pp. 96-97. Le prime due visite mediche sono un po' struttu-

rali, meno fuse del resto della storia. Vanno ridotte in poche righe, oppure sono da precisare di più.

La lettera continua con un elenco di imprecisioni ed errori minuti, lungo alcune pagine.

Anche la scheda preparata nel 1973 da Giuseppe Pontiggia per di *Horcynus Orca* di Stefano D'Arrigo, pubblicato da Mondadori nel 1975, contiene puntuali suggerimenti per la revisione del testo. A partire dallo stesso incipit:

> Le pagine iniziali, «provvisorie», hanno un avvio un po' stentato: dovrebbero a mio avviso essere alleggerite della digressione sui pesce spada, bella, in sé (come quelle splendide sui delfini, più avanti), ma che, a questo punto, rischia di risultare dispersiva. La semplicità e la chiarezza delle primissime frasi dovrebbe essere conservata per un certo tratto, in modo da fornire gli elementi essenziali del quadro e introdurvi il lettore senza troppa fatica.

8   Dolenti declinare

A me personalmente il libro piace. La storia è bella, appassionante, piena di avventure. C'è quel tanto di amore che basta, la fedeltà coniugale e le scappatelle adulterine (buona la figura di Calipso, una vera divoratrice d'uomini), c'è persino il momento «lolitistico» con la ragazzina Nausicaa, in cui l'autore dice e non dice, ma tutto sommato eccita. Ci sono colpi di scena, giganti monocoli, cannibali, e persino un po' di droga, abbastanza per non incorrere nei rigori della legge, perché a quanto ne so il loto non è proibito dalla Narcotics Bureau. [...] Ma quello che m'insospettisce – e in ogni caso mi induce a dare parere negativo – è il caos che ne conseguirà sul piano dei diritti. [...] Anzitutto l'autore non si trova più. Chi lo aveva conosciuto dice che in ogni caso era una fatica discutere con lui sulle piccole modifiche da apportare al testo, perché è orbo come una talpa, non segue il manoscritto, e dava persino l'impressione di non conoscerlo bene.

Questa è una scheda di lettura. Autore, Umberto Eco. Oggetto, Omero, *Odissea*. La caricatura è didascalica, perché rende visibili, esasperandoli, molti caratteri tipici.

Eco scrisse diverse parodie di schede di lettura, e le raccolse in un piccolo saggio intitolato *Dolenti declinare*, forse il più allegro, certo il più efficace manuale disponibile per aspiranti estensori di valutazioni editoriali. Il primo insegnamento sta proprio nel titolo: scartare (declinare) è il vero lavoro. E l'intelligenza editoriale è, infine, quella in grado di distinguere quanto non va pubblicato da ciò che interessa, di isolare le ragioni della scelta e di motivarle.

La satira di Eco agisce su due fronti: colpisce gli snodi nevralgici del processo di valutazione, e prende in giro le vanterie, i tic, le ossessioni tipiche del mondo editoriale. Strumento per rendere evidenti gli uni e ridicolizzare gli altri: fingere che un consulente ignaro valuti per la prima volta testi classici e celeberrimi, di cui qualunque lettore della satira di Eco conosce caratteristiche e fortuna.

Dalla scheda intitolata *Diderot Denis, I gioielli indiscreti*:

Confesso che non ho neppure aperto i due manoscritti, ma credo che un critico debba anche sapere a colpo sicuro cosa leggere e cosa non leggere. Questo Diderot lo conosco, è uno che fa enciclopedie (una volta ha corretto bozze anche da noi) [...].

Agisce, in questo caso, il tipico pregiudizio che porta a inchiodare un autore alla sua opera precedente o più nota, rifiutando la possibilità di sviluppi, magari in direzioni inattese. Uno che fa enciclopedie, conclude la voce giudicante, non può certo avere scritto nulla di adatto «per una collana come la nostra dove abbiamo sempre scelto delle cosine delicate, un po' pruriginose». Delicate, un po' pruriginose: è l'esatta descrizione del romanzo di Diderot, che non viene riconosciuto come tale, e dunque rifiutato.

Un altro atteggiamento facile da ridicolizzare è quello di chi dichiara che l'esperienza consente di leggere anche rapidamente, saltando pagine e pagine. Il mito, naturalmente abusatissimo, è quello del fiuto editoriale. Questa volta, si parla di *Justine* di Sade:

> Il manoscritto era in mezzo a tante altre cose che avevo da vedere in settimana e, per essere sincero, non l'ho letto tutto. Ho aperto a caso tre volte, in tre punti diversi, e voi sapete che per un occhio allenato questo basta già.

Inutile dire che l'occhio allenato non basta affatto:

> Bene, la prima volta trovo una valanga di pagine di filosofia della natura [...]. La seconda volta almeno quindici pagine sul concetto di piacere, sui sensi e l'immaginazione e cose del genere. La terza volta altre venti pagine sui rapporti di sottomissione tra uomo e donna nei vari paesi del mondo... Mi sembra che basti. Non stavamo cercando un'opera di filosofia, il pubblico oggi vuole sesso, sesso e poi ancora sesso [...]. Il libri di filosofia per piacere lasciamoli a Laterza.

Prevedibilmente, nemmeno la pratica di chiedere all'autore di intervenire sul testo proposto sfugge alla satira. Per Proust: «Ci vuole un robusto lavoro di editing: per esempio c'è da rivedere tutta la punteggiatura». Per Kafka: «Cosa sono queste allusioni imprecise, questa mancanza di nomi di persone e di luoghi? [...] se può metterci le mani bene, altrimenti lascerei perdere».

Né manca la caricatura di un altro tema ricorrente, quello della scelta della collana. Accade infatti di non pubblicare un libro, pur buono, per incompatibilità con gli altri titoli della serie in cui sarebbe inserito. È questo il caso illustrato in una scheda dedicata al *Don Chisciotte* di Cervantes. Riconosciuta la qualità del romanzo, il lettore scrive:

> Ma l'osservazione che vorrei fare trascende il giudizio personale sull'opera. Nella nostra fortunata collana economica «I fatti della vita» noi abbiamo pubblicato con notevole successo l'*Amadigi di Gaula*, *La leggenda del Graal*, *Il romanzo di Tristano* [...]. Ora se noi prendiamo il Cervantes, mettiamo in giro un libro che, per bello che sia, ci sputtana tutta l'editoria fatta sinora e fa passare quegli altri romanzi per fanfaluche da manicomio.

9 Chiarissimo Sig. Commendatore

Alla Rizzoli, da metà degli anni sessanta, si chiedeva ai lettori di articolare le schede in due sezioni, *Riassunto* e *Giudizio*, e di compilare un modulo in forma di questionario che includeva trenta domande. Alcune guidavano il lettore a fornire le informazioni necessarie sul libro, l'autore e il sistema culturale d'origine («L'autore è un "personaggio"? Ha scritto altri libri notevoli? Quali?; Questo libro come è stato accolto dalla critica nel paese originario e all'estero?»). Altre entravano in questioni operative («In quale delle collezioni della Casa questo libro può essere inquadrato?; La traduzione presenterebbe particolari difficoltà? Di che genere?»). Altre ancora indagavano sul potenziale di vendita («L'ingrediente "sesso" come è usato?; L'editore italiano potrebbe "montare" la pubblicazione del libro? All'insegna di qualche Slogan? Approfittando di qualche circostanza?»). Alla Mondadori, più semplicemente, c'era una scheda prestampata: carta intestata con la scritta Comitato di lettura, e campi fissi per indicare Autore, Titolo, Editore, Ricevuto da, Lettore.

Tutti modi per disciplinare il processo di valutazione, per creare ordine, per indirizzare i lettori a fornire indicazioni coerenti.

Ma, si è visto, le letture editoriali, micro-genere talvolta iperregolato dall'esterno, si annidano spesso entro un genere diverso: le lettere. Così che le formule dell'epistolografia (saluti, ringraziamenti, appuntamenti) incornicino il parere vero e proprio. Montale, che viveva a Genova quando leggeva manoscritti per l'editore Bemporad, che stava a Firenze, affidava i suoi giudizi alla posta. «Chiarissimo [o Illustre] Sig. Comm. Bemporad», inizia abitualmente il poeta. E chiude con *ossequi*, volta a volta *migliori*, *distinti*, addirittura *deferenti*.

Le lettere editoriali sono dunque una variante delle schede: differenti i riti della formularità, ma identico lo scopo. Unica avvertenza: dedicare ogni lettera a un solo tema, in modo da facilitarne l'archiviazione come documento editoriale. A Niccolò Gallo, che usava di rado i moduli prestampati del comitato di lettura, Vittorio Sereni (il suo direttore editoriale) lo aveva chiesto esplicitamente: «ti pregherei, per quanto possibile, di non accumulare vari argomenti in una stessa lettera. Purtroppo le nostre opinioni e i nostri propositi si trasformano a un certo punto in pratiche d'ufficio, ed è bene che ogni argomento e gli scritti relativi rientrino nella pratica cui si riferiscono».

Ingabbiati entro modelli imposti dall'editore o racchiusi entro formule di cortesia, i pareri di lettura restano in fondo un genere ad alto tasso di libertà strutturale. Estesa o fulminea, centrata sul riassunto, sulla valutazione critica o sull'esposizione dei dati esterni, ogni scheda si riconosce come tale in base a un denominatore comune elementare: è lo spazio dove un lettore prende posizione sul libro che ha letto. E dove condivide questa posizione con altri.

10   Un genere dialogico

Nel gennaio del 1958 Arnoldo Mondadori scrive a Elio Vittorini:

> A noi occorrono dei Lettori che ci diano un giudizio sui valori artistici e letterari delle opere meritevoli di arrivare sul mio tavolo; ma ci occorrono anche i giudizi dei lettori «comuni», i quali ci diano la sensazione esatta dell'interesse che l'opera può destare presso il grosso pubblico, indipendentemente dal suo valore letterario. Fra queste due tesi si inserirà il suo saggio giudizio, sì che la cassazione da me rappresentata si troverà in grado di decidere con tutta tranquillità, soprattutto da un punto di vista economico.

Lettori criticamente attrezzati e lettori comuni. I giudizi degli uni e degli altri, passati al vaglio di uno dei cervelli della casa editrice, e sottoposti quindi al padrone, che decide in base a criteri soprattutto economici. Il processo è descritto con molta chiarezza, e non è dissimile da quello delle case editrici di oggi. E ne viene evidenziata, tra l'altro, la natura consultiva.

Oggi come ieri, i giudizi di lettura sono un genere dialogico: innescano condivisione e scambio di opinioni. Perché si rivolgono a un destinatario (spesso plurale: coloro che prendono decisioni all'interno della casa editrice), e perché suscitano reazioni (approvazione, presa di distanza, nuove considerazioni su autore, libro, collana). Vittorio Sereni, in un parere su un racconto di Giorgio Orelli: «Letto a mia volta il testo, mi trovo in accordo e disaccordo volta a volta con i singoli lettori».

A una scheda di lettura si risponde sempre: nei fatti (acquistando o rifiutando il libro), a voce, con una nuova scheda, per lettera, con annotazioni. E tali reazioni testimoniano di un dialogo che pare talvolta svolgersi in presa diretta.

Due esempi. Nel luglio 1956, su un foglio di carta intestata, Roberto Cantini, funzionario della Mondadori, e Vittorini, consulente, esprimono la loro opinione sul romanzo di Nelson Algren *Passeggiata selvaggia* (*A Walk on the Wild Side*), già oggetto di una lettura di Fernanda Pivano. Cantini, il 2 luglio:

> Credo che non sia possibile non prenderlo nonostante le giuste riserve della Pivano e proprio per le ragioni che la Pivano mette in rilevo: importanza di Algren nella moda letteraria americana del momento, del National Book Award, ecc. D'altronde, nonostante la violenza del linguaggio e delle situazioni, il libro non manca di pagine convincenti, specie in principio.

Vittorini, il 4 luglio:

> Algren è uno dei tre o quattro scrittori americani che si sono affermati nel dopoguerra. Non possiamo rischiare che se lo

prenda Garzanti. E poi la sua violenza è quella dei tempi. Direi di acquistarlo.

Segue un appunto manoscritto siglato VS (Vittorio Sereni): «Sono senz'altro per il sì». E, l'11 luglio, la decisione, firmata da Arnoldo Mondadori: «Sì».

Quattro anni dopo, nel 1960, ancora Fernanda Pivano scrive una scheda per *Il palazzo* (*The Mansion*) di William Faulkner. L'autore rivela, secondo la lettrice, segni di stanchezza, sta diventando «un po' smortino», e i suoi ammiratori potranno ritrovare solo a tratti «qualche eco del suo stile». Visto il peso dello scrittore, il giudizio editoriale che conclude la scheda è comunque «Naturalmente sì». Sullo stesso foglio (dattiloscritto) compare una nota scritta a mano da Vittorini che, avallandola, riecheggia la posizione della Pivano: il romanzo *The Mansion* è «Un po' moscio come gli altri degli ultimi anni». Tuttavia «non c'è il minimo dubbio che dobbiamo farlo lo stesso».

Il procedimento, che trasferisce in scrittura l'immediatezza del turno dialogico, è quello del confronto, con un progressivo restringersi del dibattito ai temi davvero controversi (nei due esempi, la qualità insoddisfacente del libro in esame, a fronte dell'interesse generale dell'autore).

Spetta dunque al lettore raccontare, descrivere e inquadrare il libro, segnalandone qualità e limiti. A partire da quella messa a fuoco, i funzionari editoriali individuano punti di forza e di debolezza, e prendono posizione. L'ultima parola compete, in questo caso, all'editore.

Spesso il lettore non lavora all'interno della casa editrice, ma come consulente, magari traduttore, autore o curatore. Dunque questi scambi descrivono un aspetto importante del suo ruolo, quello di informare ed esprimere opinioni che non hanno, di solito, valore ultimativo. La scheda di lettura non è neutrale (non può esserlo), ma pur prendendo partito, deve offrire tutti gli elementi perché il destinatario sia in grado di assumere una posizione, anche diversa da quella del lettore. Posizione che, in caso di una lettura ben fatta, a quella si appoggia magari proprio per ribaltarne le conclusioni. Come accade quando Cesare Garboli, nel 1968, in una scheda in forma di lettera ad Alberto Mondadori, reagisce, interpretandone gli argomenti, a un parere scritto da Maria Teresa Giannelli per il Saggiatore:

> Le conclusioni editoriali della Giannelli sono per il SÌ, ma esse colgono ambiguamente di contropiede, quando ci si aspetterebbe un NO; uno scatto d'umore, un arbitrio personale si sostituisce all'ultima delle deduzioni nell'ordine della ragionevolezza. [...] Il Saggiatore non è mica una mamma, non deve essere né generoso né «severo». Il contesto della lettura della Giannelli porta a un NO e in questo senso dobbiamo pronunciarci.

Vittorini e Calvino si scambiarono molti pareri di lettura (spesso per lettera), dando vita a un dialogo tra i più celebri della storia editoriale italiana. Una serie di schede dove la tipica plurivocità del genere emerge con chiarezza è quello a proposito di Giovanni Pirelli, uno scrittore che esordì, con il volume di racconti *L'altro elemento*, nella collana einaudiana dei Gettoni. Nel settembre del 1949 Vittorini riceve in visione il volume, e lo inoltra a Natalia Ginzburg e a Calvino. Calvino invia per lettera il suo parere, il 2 febbraio 1950: bello il primo racconto che, nonostante una certa immaturità di linguaggio, presenta una «struttura fantastica solidissima»; poco interessanti i successivi, penalizzati da una certa «orecchiatura kafkiana». Dunque, non c'è materiale per un libro. Vittorini risponde con una lunga lettera, o parere di lettura a rimbalzo: oltre al primo, altri racconti sono buoni, perché tutti condividono lo stesso tessuto fantastico e linguistico. E discute sull'influenza kafkiana segnalata da Calvino, e sullo statuto realistico o fantastico del testo. Intanto, arriva una scheda (non in forma epistolare) della Ginzburg: il giudizio coincide con quanto già aveva espresso Calvino:

> Persona intelligente e da seguire: non stampare questo libro (questa è la mia opinione: Vittorini faccia quello che crede perché la collana è sua). Il primo racconto, *L'altro elemento*, è molto buono: i successivi sono pieni di cose vive e intelligenti, ma nell'insieme non stanno in piedi: sfociano sempre in un surrealismo troppo facile e superficiale.

Calvino risponde a Vittorini, per lettera, nel febbraio 1950. Ha letto anche lui il giudizio di Natalia, approva alcune delle argomentazioni di Vittorini, ma non cambia idea sul libro di Pirelli. La conclusione è, in realtà, una nuova apertura: «Vuoi provare a mandare il manoscritto a Pavese?».

*

Questo testo è stato pubblicato in *Le giornate della traduzione letteraria. Nuovi contributi*, a cura di Stefano Arduini e Ilide Carmignani, Università degli studi di Urbino Carlo Bo, 2010. Lo riproduco con minimi interventi e aggiornamenti.

Le schede di lettura citate provengono da: Giorgio Manganelli, *L'impero romanzesco. Letture per un editore*, a cura di Viola Papetti, Aragno, Torino 2003; Giorgio Manganelli, *Estrosità rigorose di un consulente edi-*

toriale, a cura di Salvatore Silvano Nigro, Adelphi, Milano 2016; *Panta editoria*, 19, 2001 (schede di Grimaldi, Pontiggia, Garboli); Cesare Segre, «Montale consulente letterario», in *Il secolo di Montale 1896-1996*, il Mulino, Bologna 1998; Giorgio Caproni, *Giudizi del lettore. Pareri editoriali*, a cura di Stefano Verdino, il melangolo, Genova 2006; *Non c'è tutto nei romanzi. Leggere romanzi stranieri in una casa editrice negli anni '30*, a cura di Pietro Albonetti, Fondazione Arnoldo e Alberto Mondadori, Milano 1994 (schede di Vittorini, Scalero, Piceni, Ceretti, Mazzucchetti); *L'America dopo Americana. Vittorini consulente editoriale*, a cura di Edoardo Esposito, Fondazione Arnoldo e Alberto Mondadori, Milano 2008 (schede di Tasso, Vittorini, Cantini, Pivano); *Il mestiere di leggere. La narrativa italiana nei pareri di lettura della Mondadori (1950-1971)*, a cura di Annalisa Gimmi, il Saggiatore, Milano 2002 (schede di Gallo, Sereni, Garboli; lettera di Arnoldo Mondadori a Vittorini); Umberto Eco, «Dolenti declinare (rapporti di lettura all'editore)», in *Diario minimo*, Bompiani, Milano 1963. Il racconto di Pontiggia *Lettore di casa editrice*, datato 1971, è stato pubblicato nella seconda edizione della raccolta *La morte in banca*, Mondadori, Milano 1979. Le lettere editoriali di Calvino sono raccolte in *I libri degli altri. Lettere 1947-1981*, a cura di Giovanni Tesio, con una nota di Carlo Fruttero, Einaudi, Torino 1991. Ai rifiuti editoriali è dedicato il libro di Gian Carlo Ferretti *Siamo spiacenti. Controstoria dell'editoria italiana attraverso i rifiuti*, Bruno Mondadori, Milano 2012. Garboli ha scritto di Niccolò Gallo nel saggio «L'ultimo lettore», in *Falbalas*, Garzanti, Milano 1990. Il questionario per i lettori Rizzoli è stato pubblicato per la prima volta in Gian Carlo Ferretti, *Il mercato delle lettere. Industria culturale e lavoro critico in Italia dagli anni Cinquanta a oggi*, Einaudi, Torino 1979, e quindi in appendice alla raccolta *Giudizi del lettore* di Caproni. La vicenda della valutazione del libro di Pirelli per i Gettoni einaudiani si ricostruisce attraverso *La storia dei «Gettoni» di Elio Vittorini*, a cura di Vito Camerano, Raffaele Crovi e Giuseppe Grasso, Aragno, Torino 2007.

Indice degli argomenti

Indice dei nomi

Ultimi volumi pubblicati

Finito di stampare nel luglio 2018
presso Galli Thierry stampa, Milano
Prima ristampa